REDE DE DORMIR

LUÍS DA CÂMARA CASCUDO

REDE DE DORMIR
UMA PESQUISA ETNOGRÁFICA

São Paulo
2003

© Anna Maria Cascudo Barreto e
Fernando Luís da Câmara Cascudo, 2001

2ª EDIÇÃO, 2003
1ª EDIÇÃO GLOBAL EDITORA, 2003

Diretor Editorial
JEFFERSON L. ALVES

Gerente de Produção
FLÁVIO SAMUEL

Assistente Editorial
RODNEI WILLIAM EUGÊNIO

Revisão
ROSALINA SIQUEIRA
EDNA LUNA

Capa
EDUARDO OKUNO

Editoração Eletrônica
ANTONIO SILVIO LOPES

Dados Internacionais de Catalogação na Publicação (CIP)
(Câmara Brasileira do Livro, SP, Brasil)

Cascudo, Luís da Câmara, 1898-1986.
  Rede de dormir : uma pesquisa etnográfica / Luís da Câmara Cascudo. – 2. ed. – São Paulo : Global, 2003.

  Bibliografia.
  ISBN 85-260-0714-9

  1. Brasil – Usos e costumes 2. Rede de dormir I. Título.

02-5273   CDD–392.3600981

Índice para catálogo sistemático:

1. Brasil : Rede de dormir : Costumes   392.3600981

Direitos Reservados

**GLOBAL EDITORA E
DISTRIBUIDORA LTDA.**
Rua Pirapitingüi, 111 – Liberdade
CEP 01508-020 – São Paulo – SP
Tel.: (11) 3277-7999 – Fax: (11) 3277-8141
E.mail: global@globaleditora.com.br

Colabore com a produção científica e cultural.
Proibida a reprodução total ou parcial desta obra
sem a autorização do editor.

Nº DE CATÁLOGO: **2273**

Sobre a reedição de Rede de Dormir

A reedição da obra de Câmara Cascudo tem sido um privilégio e um grande desafio para a equipe da Global Editora. A começar pelo nome do autor. Com a concordância da família, foram acrescidos os acentos em Luís e em Câmara, por razões de normatização bibliográfica.

O autor usava forma peculiar de registrar fontes. Como não seria adequado utilizar critérios mais recentes de referenciação, optamos por respeitar a forma da última edição em vida do autor. Nas notas foram corrigidos apenas erros de digitação, já que não existem originais da obra.

Mas, acima de detalhes de edição, nossa alegria é compartilhar essas "conversas" cheias de erudição e sabor.

Os editores

Sumário

Prefácio à vista 11

Capítulo I

O padrinho da rede de dormir 22
Divulgação brasileira 23
Primeiras técnicas 24
Rede de viagem 28
Serpentina 29
Presença na aristocracia rural 31
A rede pelo Brasil 33
Declínio 36
O escravo e a rede 38
Varandas 39
Contemporaneidade 40
Esplendor e aposentadoria na Marinha 44

Capítulo II

Geografia da rede 49
Influência da cultura do algodão 52
Do México à Argentina 52
Ilusão do Havaí e Taiti 7

Capítulo III

A noite das origens 60
Problema da Nova Guiné 63
Mistério do sono 64

O lume aceso 66
Kisáua e Ini 69

Capítulo IV

Necessidade lírica 74
Dormir Viagem 75
Jornada etnográfica 80

Capítulo V

Predileções etimológicas 84
Hamac e França 86
O pai da maca 89

Capítulo VI

Hamaca, Caraíba ou Aruaque? 92
Debate sem fim 98
É Aruaque 99

Capítulo VII

A rede e o Caraíba clássico 104
Expansão do uso indígena 107
Motivos 111

Capítulo VIII

Rede nas superstições 114
Usos e costumes 115
Tradições 116
No vocabulário popular. Adivinhações 116
Modelos 117
Orgulho das franjas 118
O punho da rede: Tabu 118
Posição aconselhada para deitar-se 120

Versos 121
Os quatro C dos velho 121
Enterro de rede 122

Capítulo IX

Economia da rede 126

Capítulo X

Mosquiteiro. Ameríndio ou europeu? 136
A pesquisa de Nordenskiöld 137
Conclusões 138

Antologia

Dicionários e Enciclopédias 145
A. da Silva Mello – O uso da rede, do berço e da cadeira de
balanço e as suas vantagens 151
Adelmar Tavares – A rede de dormir 163
Olegário Marianno – A velha rede do engenho 165
Carlos Drummond de Andrade – Iniciação amorosa 167
Sergio Buarque de Hollanda – Redes e redeiras de São Paulo 169
Jayme de Altavila – Poema da minha rede 175
Jaime dos G. Wanderley – Rede de dormir 177
J. Freire Ribeiro – Cântico em louvor da rede de dormir 179
Jayme Griz – A preguiça da raça 181
Vicente do Rego Monteiro – A rede, a grande inimiga da
civilização nordestina 183
Cid Craveiro Costa – Usos e costumes mato-grossenses 185
Gilka Machado – Numa rede 191
Dulce Martins Lamas – Toada de vissungo para carregar defunto
na rede 193
José Carvalho – Sobre a rede de dormir 195

Jorge de Lima – Madorna de Iaiá 199
Segundo Wanderley – A nossa cela 201
Jorge Fernandes – Rede 203
Anônimo – Na roça 205
Gonçalves Crespo – A sesta 207
Fagundes Varela – A roça 209
Casimiro de Abreu – Na rede 211
Henry Koster gostava de rede 215
Karl von den Steinen – A rede dos Bakairi 217
Rachel de Queiroz – Variações sobre a rede 221
Vocabulário da rede 225
Nota 229

Temos de habituar-nos a considerar como fontes de História os mesmos fenômenos cotidianos de nossa vida popular, cujo valor testemunhal de modo algum é inferior às crônicas e documentos antigos. Da ornamentação de um pórtico e de um instrumento agrícola, de forma de uma casa e boina de uma mulher, pode-se haurir mais informação de História da Civilização que de muitos molhos de atas dos nossos arquivos.

BRUNO SCHEIR. *Aufbau der Deutschen Volkskultur, 334.*

Dire ce qu'on sait, tout ce qu'on sait, rien que ce qu'on sait.

MARCEL MAUSS. *Manuel d'Ethnographie, 7.*

Luís da Câmara Cascudo em sua rede de dormir.
Foto: Carlos Lyra

Prefácio à Vista

> *Familiarizados com os objetos vistos todos os dias não os admiramos mais e nem sonhamos pesquisar-lhes as origens.*
> Cícero. (De Nat. Deorum, II.)

A poesia valoriza as coisas vulgares. Mesmo injustamente vulgares ou tornadas banais pela visão diária. Os romanos diziam que *quotidiana vilescunt* e há muita verdade miúda no reparo. Nunca pensei, menino-menino, que a minha rede de dormir valesse imagem. Foi uma surpresa quando, decorando o "Minha Terra" de Casemiro de Abreu, versinho mavioso de 1856, deparei:

> *Nos galhos da sapucaia*
> *Nas horas do sol ardente,*
> *Sobre um solo d'açucenas,*
> *Suspensa a rede de penas*
> *Ali nas tardes amenas*
> *Se embala o índio indolente.*

– "Indolente coisa nenhuma!" – declarou o coronel Fabrício Maranhão, presidente perpétuo do Congresso Legislativo, felicitando não a mim, mas a meu pai, embevecido com a gaguejante declamação filial.

Liguei, numa associação lógica, ao indígena a idéia da rede e seu uso abusivo. Mesmo Castro Alves, anos depois, ajudava-me a consolidar a suspeição:

> *Um dia a taba do Tupi selvagem*
> *Tocava alarma... embaixo da folhagem*
> *Rangera estranho pé...*
> *O caboclo da rede ao chão saltava,*
> *A seta hervada o arco recurvava...*
> *Estrugia o boré.*

O indígena, vistos os autos, estava sempre na rede e era preciso alarma de pé estranho para fazê-lo largar o quente amavio. Como quase toda a gente da minha cidade dormia e vivia numa rede, compreendi como Castro Alves, novembro de 1868, mesmo em São Paulo, não pudesse evocar uma "Adormecida" sem fazê-la ressonar na rede serena:

> *Uma noite, eu me lembro... Ela dormia*
> *Numa rede encostada molemente...*
> *Quase aberto o roupão, solto o cabelo,*
> *E o pé descalço do tapete rente.*

Era uma visão mais próxima do cotidiano a lembrança de Ferreira Itajubá, fixando um quadro familiar aos meus olhos nordestinos e sertanejos:

> *Como é doce o rojão das violas nas aldeias!*
> *A lua alva de abril refrescando as areias!*
> *A rede de algodão que, quando o sol abrasa,*
> *A gente arma, entre os seus, no telheiro da casa!*

Depois verifiquei que a primeira citação nominal de rede datava de abril de 1500. Daí para nossos dias constituía um elemento indispensável e normal na existência de milhões e milhões de brasileiros em quatro séculos. Nasciam, viviam, amavam, morriam na rede. Eram conduzidos para o cemitério na rede. Quando a seca os expulsava do sertão de fogo o matulão, que continha o saldo de todo o possuído, era enrolado, defendido, pela rede, a derradeira fiel. Significava assento para a janta, encosto para a sesta, abrigo para o sono. "Mãe véia", mãe velha, chamavam-na os de outrora. Criados na mãe velha, desacostumados com os leitos imóveis, queixavam-se das camas dos hotéis ou grabatos da caserna quando do serviço militar. Alguns nunca admitiram outra maneira de dormir. O senador Pedro Velho, vivendo no Rio de Janeiro, conseguiu que no Grande Hotel da Lapa furassem as paredes para os armadores saudosos. E de dentro da grande rede de tapuarana, franjada de rendas, ajudava a dirigir a política nacional até 1907. A cantiga rangente das escápulas excitava-lhe a rapidez do raciocínio.

Entretanto, a rede de dormir nunca mereceu pesquisa, estudo, análise. Passa, entre outras "constantes" no mundo indígena, como se fosse característica aborígine e não "permanente" para larga e populosa região do

Brasil, atual, presente, contemporânea. Mais de 650 mil redes, em 378 fábricas reais, são feitas e vendidas, anualmente, no Norte brasileiro. Devia ser o "presente" rico, oferenda típica, para estrangeiros curiosos de nossa etnografia tradicional. Há redes que são jóias de cor, acabamento, aspecto. Por que não divulgá-las, valorizando-lhes a história, lenda, passado, utilitarismo funcional entre todas as classes? Ela pode, pode e deve, ser produto de exportação como o café, o samba e o algodão. Fazemo-la popular nos desertos do seu uso, dizendo-a milenar, tão antiga ou mais antiga que a cama, o leito parado e apenas viajador nos desejos. A rede colabora na movimentação dos sonhos.

O leito obriga-nos a tomar seu costume, ajeitando-nos nele, procurando o repouso numa sucessão de posições. A rede toma o nosso feitio, contamina-se com os nossos hábitos, repete, dócil e macia, a forma do nosso corpo. A cama é hirta, parada, definitiva. A rede é acolhedora, compreensiva, coleante, acompanhando, tépida e brandamente, todos os caprichos da nossa fadiga e as novidades imprevistas do nosso sossego. Desloca-se, incessantemente renovada, à solicitação física do cansaço. Entre ela e a cama há a distância da solidariedade à resignação.

Sei das restrições contra a rede. Meu tio Chico Pimenta, Francisco José Fernandes Pimenta, afirmava que a desgraça do sertanejo era copo cheio e rede vazia. Determinavam a vontade irresistível de despejar o primeiro e encher a segunda. Amolece os fortes que os leitos duros, couros estendidos, tábuas de cenobitas, enrijecem no espartano contacto, ausente de qualquer excitação enfraquecedora.

Os ameríndios Caraíba e Tupi viviam nas redes e foram os primeiros guerreiros do continente. A bordo dos navios de guerra os marinheiros dormem nas macas e não é possível endereçar-lhes reproche de preguiça, covardia, timidez. Nas redes roncavam os jagunços de Antônio Conselheiro. Nas redes sonhavam os cangaceiros famosos, desde o fidalgo Jesuíno Brilhante ao repugnante Lampião. Nelas pensaram e amaram senhores de engenho, fazendeiros onipotentes, deputados-gerais e senadores do Império e da República. E dentro delas cresce a gente sertaneja, enfrentando a hostilidade da terra e dos homens, teimosa no esforço de viver como se cumprisse missão perpétua de danaides caboclas.

A rede foi acusada de favorecer a proliferação humana na geografia de sua influência. Que explicação para os orientais, japoneses, germânicos, italianos, espanhóis e portugueses que não conhecem a rede em suas fecundas residências? E por que a constante provocação genesíaca das redes não liberta o indígena contemporâneo do gradual e melancólico desaparecimento? Não é recomendável a rede, pela sua forma curva, ao sono regular e nem o balanço é terapêutico para insônia e dor. As razões mecânicas do veto clínico terão importância, deduzida de experimentação. *Yo en esto ni entro ni salgo,* como dizia mestre Menendez Pelayo. Lembro apenas a higidez sertaneja, resistente e atravessadora de cataclismos. Também não posso esquecer os soberbos e robustos homens do sertão que ainda conheci, 70, 80 e 90 anos de batalha, montando como Marialvas, mantidos na velha alimentação enlouquecedora para qualquer nutricionista e passando da rede para a vida intensa e bravia de calor e luta.

Não posso admitir que a rede "amoleceu" as matronas de dez filhos ou os sertanejos que envelheceram derrubando novilhos e "dando campo" nas serras e carrascais, vestidos de gibão heráldico, cuja mão guantada de couro desencantara cem marruás afamados. Falo do sertão anterior a 1914 quando existiam unicamente as estradas das boiadas e o caminho-do-fio. Depois apareceram as rodovias, o automóvel, e o sertanejo conheceu o mar e a salsugem que bóia nas praias citadinas.

O gesto de ninar, a bolandas, era justamente o embalo. Embalo nos braços que a rede amplia e multiplica na lei do menor esforço. A festa grega da Aiora, realizada no verão, era propiciatória ao crescimento das vinhas e também terapêutica, purificadora dos vizinhos de Ícaro que o haviam assassinado. A técnica limitava-se, essencialmente, a uma série de balanços pelas moças e até as bonecas tomavam parte. O movimento de vaivém tinha força mágica e daí os "oscillas" de Roma, máscaras, escudos, efígies, suspensas aos ramos das árvores e que deviam oscilar, purificação pelo ar, em benefício dos doadores. Eram segredos que não mais atina a nossa vã filosofia. Certo é que milhões e milhões de brasileiros foram criados no ritmo dos balanços curadores ou enganadores, desde a dor de dente até a fome, e devemos a estes grande parte do Brasil continuar sob o auriverde pendão.

Toda ou quase toda aquela gente que arrancou o Acre para o Brasil nasceu e morreu dentro de uma rede balouçante. E os batalhões de "Voluntários da Pátria" nortistas não tiveram, ó severa Clio, outra origem em sua razoável percentagem. Se existe agora elemento desnorteante da saúde contemporânea nas áreas onde a rede domina, humildemente,

Culpa es del tiempo y no de la red...

Com todas estas credenciais a rede tem sido motivo parcamente usado pelos poetas de sua região. Digo de sua região atual porque há cem anos passados a rede reinava no Sul do país e os paulistas proclamavam seu orgulho em usá-la, como informa Von Martius.

> "Sofreu a rede uma campanha de ironia e pilhéria por parte de alguns médicos de efêmeros serviços locais, ansiosos pela transferência e declamadores de mística que jamais possuíram pela saúde do povo. A rede era detestável e feia, reminiscência de épocas bárbaras e responsável pela escoliose infantil e outras deformações ósseas, inclusive retardamento físico. A vivacidade inquieta, a mobilidade incessante, a inteligência viva das crianças sertanejas davam diário e notório desmentido às conclusões sibilinas dos homens risonhos e superiores, vestidos de batas brancas, toucados de linho e de mangas arregaçadas, prenúncio de operosidades inverificadas. A conseqüência foi o susto de alguns sertanejos abastados em parecer rústicos, ignorantes do conforto citadino. As camas invadiram fazendas e sítios, camas de estrado para os hóspedes e de lona, cama-de-vento, para os amigos humildes. As redes foram escondidas como elementos comprometedores da cultura. Desaparecendo os doutores, restabelecida a visão normal pelo depoimento dos velhos clínicos e de outros doutores mais equilibrados, as redes foram voltando aos terraços e varandas das casas senhoriais, multiplicadas para a sesta nas reuniões festivas. Alguns sertanejos reagiram, defendendo as velhas e tradicionais 'vasilhas de dormir' e a rede continuou sua presença afetuosa."[*]

Vez por outra é que um fazendeiro "mais viajado" esconde a rede como a um vício querido para que um estrangeiro não a veja, tendo má impressão do dono da casa. Outros, serenamente, oferecem as redes como coisas indispensáveis e típicas, forçando a aceitação, talqualmente ocorre com um de nós visitando a terra alheia, usando, sem pestanejar, o que nos é oferecido como uso local e de gente civilizada.

Esse horror ao típico e a tendência de fingir usanças desconhecidas, beber refrescos horríveis e mastigar goma elástica açucarada, sob o pretexto de ser costume de povos superiores, não nos pertence exclusivamente, mas é uma constante universal. Vale gostosamente ressaltar a firmeza com que a rede permanece, em milhões e milhões de espécimes, desafiando juízos e julgamentos que não foram solicitados.

Enquanto se passava esta escaramuça, o povo seguiu, impassível, armando suas redes nos copiares para sestear e nas camarinhas para dormir.

O professor Bruno Schier, mestre de Etnografia em Viena d'Áustria, pergunta, no clássico "Construção da Civilização Popular Alemã", se não

---

[*] Ver o notável estudo de A. da Silva Melo na "Antologia" deste volume.

é tempo de valorizarmos os elementos humildes e de uso cotidiano como indicadores da ciência etnográfica, valendo iguais ou melhormente aos pontos de referência clássicos e documentais, arquivos, monumentos, museus. Enfim, valorizar, estudar, pesquisar as coisas que vemos, usamos, construímos, conhecemos e nunca pensamos dignas de nossa atenção e cuidado cultural. Era, há séculos, um pensamento de Cícero: – *Consuetudine oculorum assuescunt animi, neque admirantur, neque requirunt rationes earum rerum, quas semper vident.* É o inverso do *quotidiana vilescunt,* no plano apreciador do conhecimento "banal".

Nela dormiram e trabalharam viajantes e naturalistas dos séculos XIX e XX, o grande Karl von den Steinen, a tenaz Snethlage, Bates, Spruce, Chandless, Wallace, os estudiosos da flora e fauna brasileiras. Reunir quanto possível notícia sobre o motivo e o comentário, repetido e revirado, evidenciará não somente o interesse da explanação leal e clara como revelará a própria mecânica do raciocínio, indo e vindo, tomando forma no momento da expressão, bem longe de erguer-se em dogma o que deve ser hipótese mais ou menos viável ou conclusão pessoalmente sincera. Não me foi possível encontrar estudo algum sobre o assunto e sim menções rápidas, períodos agudos de observações, mas insuficientes na fixação do valimento etnográfico do tema. Todos os registros proclamavam a necessidade da pesquisa que continuou esperando o príncipe encantado no terreno da realização.

No domínio da Etnografia, da Antropologia Cultural brasileira, devíamos honesta e logicamente ficar nos ensaios sobre aspectos e assuntos sem o gostoso atrevimento da generalização, da paisagem total. A fase bonita do livro-de-livro, da erudição solitária, erguida sobre as abstrações convencionais, bem podia esperar o período das caçadas, das pesquisas, das observações sobre os elementos comuns da civilização brasileira, sobre as "permanentes" da nossa vida diária, a verificação vagarosa e serena das "constantes" do uso caboclo do Brasil. Depois do recenseamento serão possíveis deduções realísticas no plano demográfico. Entendi viver a frase de Sarmiento: — *Las cosas hay que hacerlas, mal, pero hacerlas.*

Por isso tentei esta viagem ao redor da rede de dormir.

Luís da Câmara Cascudo
Cidade do Natal
In Festo Omnium Sanctorum. 1957.

CAPÍTULO I

> *Um exemplo frisante para ilustrar este inconveniente (os insetos) está no fato de ter sido habitante das florestas tropicais sul-americanas quem inventou a maca (rede), que também em francês e inglês ainda hoje é designada com a palavra nu-aruaque amáka.*
>
> KARL VON DEN STEINEN. *Entre os Aborígenes do Brasil Central.*

O PADRINHO DA REDE DE DORMIR

Quem primeiro denominou a hamaca sul-americana de rede foi Pero Vaz de Caminha e temos a data exata da nominação: segunda-feira, 27 de abril de 1500. É o padrinho da rede de dormir.

Descreveu a povoação dos Tupiniquins:

> "... em que haveria nove ou dez casas, as quais eram tão compridas, cada uma, como esta nau-capitânia. Eram de madeira, e das ilhargas de tábuas, e cobertas de palha, de razoada altura; todas duma só peça, sem nenhum repartimento, tinham dentro muitos esteios; e, de esteio a esteio, uma rede atada pelos cabos, alta, em que dormiam. Debaixo, para se aquentarem, faziam seus fogos. E tinha cada casa duas portas pequenas, uma num cabo, e outra no outro".

É o primeiro registro em língua portuguesa: *uma rede atada pelos cabos, alta, em que dormiam.*

Batizou-a pela semelhança das malhas com a rede de pescar. Rede de dormir nunca Pero Vaz de Caminha deparara em dias de sua vida.

Não perguntara aos donos da casa que nome havia. Impôs-lhe alcunha portuguesa. Os portugueses nunca a conheceram senão pelo apelido que o escrivão da armada dera à vista do original ao qual se reportara. Nóbrega, Anchieta, Gandavo, Gabriel Soares de Souza, Fernão Cardim, o Brandônio do "Diálogos das Grandezas do Brasil", frei Vicente do Salvador, escreveram sempre "rede".

O nome velho seria INI e ini registraram os estrangeiros, Hans Staden, Jean de Lery, André Thevet, Claude de Abbeville, Jean Nieuhof...

Um tuxaua famoso da Serra da Copaoba, na Paraíba, chamava-se "Rede Grande", e frei Vicente do Salvador fala no *rancho de um principal grande chamado Iniguaçu, que quer dizer "rede grande",* que tal era o chefe.

As expedições portuguesas de 1501 e 1503, que ficaram dias no Rio de Janeiro, devem ter notado a rede selvagem e anotado seu uso nos relatórios enviados ou apresentados ao rei D. Manoel. Em fins de 1519 demora quatorze dias Fernão de Magalhães, rumo à procura da passagem para o Pacífico que teria seu nome. Na nau do seu comando, *sobresaliente en la nave Trinidad,* viajava o toscano Francesco Antonio Pigafetta, companheiro na jornada de circunavegação do globo, que registrou a *hamaca,* tomando-lhe denominação aos colegas de bordo:

> "La terra del Brasile è di tutto abbondantissima, e sí grande che supera in ampiezza la Spagna, la Francia e l'Italia prese insieme. Esse appartiene al Re di Portogallo. Gli abitatori non sono cristiani, non adorano cosa alcuna, vivono secundo l'instinto naturale e dicese che campano sino a 125 e ben anche sino a 140 anni. Abitano in casa lunghe ch'essi chiamano boi e dormono in rette di bambagia da loro dette Amache attacate nelli case stesse pe due capi a grosse travi."[1]

Uma das mais antigas menções fá-la o padre Manoel da Nóbrega, escrevendo da Cidade do Salvador em 10 de agosto de 1549, informando sobre a cerimônia do sepultamento tupi:

> "Quando morre algum lhe põem de comer com uma rede e aí dormem e dizem que as almas vão pelos montes e ali voltam para comer."

Na "Informação das Terras do Brasil", no mesmo 1549, pormenoriza:

> "Dormem em redes de algodão junto ao fogo, que toda a noite têm aceso, assim por amor do frio, porque andam nus, como também pelos Demônios que dizem fugir do fogo."

Singular que o Demônio tupi tivesse medo do fogo.

Divulgação brasileira

No "Navigazione e Viaggi" (Venecia, 1550-1559) João Batista Ramuzio divulgou a narrativa do descobrimento do Brasil atribuída ao piloto anô-

---

[1] Primo Viaggio Intorno al Globo Terracqueo – ANTONIO PIGAFETTA, patrizio vicentino. In Milano. MDCCC nella Stamparia di Giuseppe Galeazzi. Livro I ("Dalla partenza da Seviglia fino all'uscita dallo Stretto di Magaglianes", p. 17). No "Vocabolo del Brasile" consta *Hamac, letto.* Idem no "Indice alfabetico di nomi e delle cosi", *Amac, letto.* A primeira é grafia do coordenar e a segunda outra forma de *Amache,* como Pigafetta escrevera.

nimo. Na retradução portuguesa reaparece a "rede" num dos seus registros venerandos:

> "As suas casas são de madeira, cobertas de folhas e ramos de árvores, com muitas colunas de pau pelo meio, e entre elas e as paredes pregam redes de algodão, nas quais pode estar um homem; e debaixo de cada uma destas redes fazem um fogo, de modo que numa só casa pode haver quarenta ou cinqüenta leitos armados a modo de teares."[2]

Na "Quadrimestre de maio a setembro de 1554", de Piratininga, o padre José de Anchieta não esqueceu a notícia reveladora:

> "... em lugar de cama, usa a máxima parte dos Irmãos de uns panos tecidos à maneira de rede, suspensos por duas cordas e traves; todavia, os que padecem de enfermidades de corpo por algum tempo, usam de camas como em Portugal".

Primeiras Técnicas

Pero Vaz de Caminha escrevera: *huũa rrede...*
O nome ficou.
Pouco mais de meio século depois do Descobrimento era popular o uso pelo lavrador e pelo missionário da Companhia de Jesus. Não apenas um ou outro, mas *usa a máxima parte dos Irmãos*. Depois da farinha de mandioca a rede foi o primeiro elemento de adaptação, de acomodação, de conquista do português. Eram fios torcidos de algodão com algumas travessas que serviam de reforço e coesão. Ainda em 1587 Gabriel Soares de Sousa observava entre o mulherio tupinambá:

> "As mulheres deste gentio não cozem, nem lavam; somente fiam algodão, de que não fazem teias, como poderiam; porque não sabem tecer; fazem deste fiado as redes em que dormem, que não são lavradas."

Creio que Gabriel Soares de Sousa escreveu *lavram* e não *lavam*, que nenhum sentido faz. As indígenas não sabiam fazer o menor recamo, o mais simples relevo ornamental nas redes, além de arrancar do capulho o algodão, desfiá-lo, torcê-lo em fios resistentes para a feitura das redes.

---

2   História da Colonização Portuguesa do Brasil, II°, p. 115. C. Malheiros Dias, "A Semana de Vera Cruz".

As redes de tecido compacto foram técnica das mulheres portuguesas. A vinda dos teares aperfeiçoou a rede, ampliando-a, enfeitando-a, dando-lhe as franjas, varandas, tornando-a mais macia, confortável, ornamental.

Jean Nieuhof, que residiu no Brasil holandês de 1640 a 1649, informou suficientemente:

> "Os brasileiros não possuem grande variedade de utensílios domésticos e seu maior cuidado é com a rede a que dão o nome de *Ini*. Estas são fabricadas de algodão, tecido em malhas, e têm, em geral, de 6 a 7 pés de comprimento e quatro de largura. Quando vão dormir, amarram a rede a duas traves de sua tenda, ou em duas árvores, ao ar livre, a certa altura do chão, para evitar os animais daninhos e as exalações pestíferas da terra. Os Tapuias denominados *Cariris* fazem redes bem grandes, de doze e quatorze pés de comprimento, capazes de conter quatro pessoas. As portuguesas também fabricam lindas redes decoradas."

Nieuhof apenas copiou Jorge Marcgrav que viveu de 1638 a 1644 no Nordeste brasileiro:

> "Os utensílios caseiros dos brasileiros são muito poucos, de maneira que, quando mudam de domicílios ou saem peregrinando, a mulher tudo leva consigo, carregada como uma mula, sempre acompanhando o marido. O principal utensílio é a rede, que eles mesmos chamam *Ini*, os lusitanos, *Redes*, os belgas *Hangemach*; vulgarmente *Hamacca*, na qual dormem, presas às traves numa e noutra extremidade, com auxílio delas. Porém são feitas estas redes de fios de algodão, compridas de seis ou sete pés, largas de quatro. Também as mulheres lusitanas fabricam, com elegância, amplas redes fiadas com várias figuras. Os Tapuias Cariris fazem compridas de doze ou quatorze pés, largas de seis ou sete, de modo que quatro homens possam deitar juntamente nelas."

Essas redes com malhas de dois e quatro centímetros foram as características. Lembravam visivelmente as de pescaria.

As mulheres e moças indígenas nas aldeias ou missões orientadas pelos padres jesuítas aprenderam a tecer mais cerradamente. E as que viviam ao derredor das vilas e freqüentavam as "ruas" tiveram esta prenda. Nas missões dos jesuítas em Guageru (Estremoz) e Guaraíra (Arez) no Rio Grande do Norte, ao redor de 1757, ensinavam a coser e tecer à cunhãs e cunhantãs, regularmente: "Raparigas que aprendiam a fiar, tecer e coser na Missão"... 63 em Estremoz e 89 em Arez.

A rede de malha unida é presença de mãos portuguesas. Depois a técnica derramou-se por toda a parte.

Quem viveu no sertão do Nordeste até 1910 sabe perfeitamente que rara seria a fazenda onde a rede fosse objeto de compra. Era uma indústria doméstica e tradicional. Comprava-se a rede mais larga, avarandada, bordada, "rede de casal", às velhas donas que mantinham o artesanato obstinado. As redes menores, de uso comum, para latada, descanso, dormida de rapaz solteiro e de moça donzela, eram, quase sempre, tarefa familiar. As redes bonitas, caras, destinadas a presente ou uso em ocasiões de festas, eram as "redes do Ceará", tecidas e acabadas com um bom gosto inimitável. O mesmo diziam das do Piauí, famosas, trazidas pelos comboeiros, veteranos na histórica Estrada das Boiadas.

A rede era uma herança que o tempo capitalizava em simpatia.

Dentro e fora do âmito das vilas e povoações, engenhos de açúcar e primeiros currais de gado, a rede foi uma constante. Adotaram-na como a solução prática e natural. Evitava-se o transporte dos pesados leitos de madeira que vinham de Portugal, e só posteriormente começaram a ser carpinteirados no Brasil.

Jean de Lery, no mesmo dia em que desembarcou no Rio de Janeiro, 10 de março de 1557, dormiu numa rede, "*à moda da América, suspenso no ar*". Neste mesmo ano Hans Staden publicava (Marburg e Francfort-sobre-o-Meno) as duas edições da sua "Viagem ao Brasil", onde a rede era descrita e desenhada pela primeira vez pela mão alemã. É o ano do livro de Thevet.

Esta penetração se explicava pela intensa colaboração indígena. O visitante, mercador, trugimão, fugitivo, caçador, curioso, missionário, chegado a uma aldeia era recepcionado com a "saudação lacrimosa" tendo, antes de tudo, aceitado o oferecimento para sentar numa rede e nela assistir ao cerimonial das boas-vindas. A rede era o primeiro contato com o mobiliário local e a utilidade imediata.

Estando constantemente armada (como no sertão nordestino as redes acolhedoras viviam nos alpendres e latadas) servia de cadeira, escabelo, mocho para o descanso. Nela o visitante participava da refeição e dormia seu sono. Era uma tentativa de acomodação raramente infrutífera. Nela conversava, mercadejava, fazia planos, concertava alianças, discutia, propunha, ajustava. Entrava na sua economia diária e se fazia companheira da jornada, garantindo o confortável sono noturno ou sesteador, no bochorno ensolarado do meio-dia. O indígena impôs ao colonizador a farinha de mandioca, como alimentação solucionadora para penetrar o sertão e manter-se sem o reforço do produto europeu, e a rede constituiu o descanso tranqüilo, pronto, acessível, natural pela facilidade da aquisição.

"Entramos numa casa da aldeia onde, de acordo com o costume da terra, nos sentamos cada qual em sua rede" é frase habitual de Jean de Lery. Frei Claude d'Abbeville que viveu, de julho a dezembro de 1612, na Ilha do Maranhão, registrara:

> "Qualquer de seus semelhantes ou amigos estrangeiros é logo ao chegar presenteado com uma rede de algodão."

Uma reunião decisória na Ilha do Maranhão é igualmente evocada por Abbeville:

> "Depois de aceso um grande fogo, utilizado à guisa de candeia e para fumar, armam suas redes de algodão e, deitados, cada qual com o seu cachimbo na mão, principiam a discursar."

À roda de 1570 Pero de Magalhães Gandavo, no "Tratado da Terra do Brasil", escrevia:

> "A maior parte das camas do Brasil são redes, as quais armam numa casa com duas cordas e lançam-se nelas a dormir. Este costume tomaram dos índios da terra."

Sirva o registro de Gandavo para demonstrar o domínio popular da rede, setenta anos depois do reparo de Pero Vaz de Caminha. Era possível, já então, afirmar-se que a *maior parte das camas do Brasil são redes*.

Não é de surpreender que o padre Fernão Cardim, descrevendo a missão do visitador padre Cristóvão de Gouvea em 1583, adiante que

> "nem faltavam camas, porque as redes, que servem de cama, levávamos sempre conosco, e este é cá o modo de peregrinar, *sine pena*, mas Nosso Senhor a todos sustenta nestes desertos com abundância".

A rede acompanhava o indígena, como o leito imóvel não o podia fazer, em toda a sua existência. Nascido na orla das matas, margens dos rios ou beira de caminho, o curumim dormia seu primeiro sono na ini e dela nunca mais se separava. Ao falecer era sepultado *dans le lict où est decedé*, como informava frei André Thevet. Gandavo pormenorizava:

> "e quando algum morre, costumam enterrá-lo em uma cova assentado sobre os pés com sua rede às costas que em vida lhe servia de cama".

Era semelhantemente para toda a América espanhola. Frei Bartolomé de Las Casas dizia o mesmo ("Apologética Histórica de las Índias"): *cuando muere algún señor ponem el cuerpo en una hamaca* (anterior a 1566). A legislação castelhana proibia o indígena de ausentar-se sem sua hamaca:

item, que ningún indio salga a servir a parte alguna, que no lleve su hamaca consigo en que duerme ("Colección de Documentos Indio-Americano-Oceánicos", VII, 47, 1867). O mesmo ocorria, não por lei, mas por costume, em todo o Brasil.

A rede se tornara inseparável do indígena, do mameluco, do sertanejo contemporâneo, andando, ao azar das secas, de *rede às costas*. A rede representa o mobiliário, o possuído, a parte essencial, estática, indivisível do seu dono. Aonde ia o indígena levava a rede. Ainda hoje o sertanejo nordestino obedece ao secular padrão. A rede faz parte do seu corpo. É a derradeira coisa de que se despoja diante da miséria absoluta.

O artesanato das redes competia, como a técnica oleira, às mulheres indígenas. Havia, forçosamente, exceção. Frei Ivo d'Evreux, missionário capuchinho na França equinocial, encontrou um chefe tabajara fazendo sua rede num tear:

> "Fui um dia visitar o grande Thion, principal dos Pedras-verdes, Tabajaras; quando cheguei à sua casa, e porque lhe pedisse, uma de suas mulheres me levou para debaixo de uma bela árvore no fim da sua cabana, que a abrigava dos ardores do sol, onde estava armado um tear de fazer redes de algodão, em que ele trabalhava."

Stradelli assistiu muitas vezes no Rio Negro (Amazonas) ao trabalho masculino aplicado à tecedura das maquiras. A tradição, entretanto, entrega este labor às mulheres e no sertão, antes do surto industrial de sua fabricação, o encargo das redes era ofício feminino.

REDE DE VIAGEM

As liteiras, que a dominação romana havia divulgado por toda parte, sugeriram aos portugueses e espanhóis quinhentistas adaptar a rede à função de veículo transportador. Suspensa por forte vara apoiada nas extremidades aos ombros de escravos, a rede ficou sendo um dos transportes mais cômodos e deleitosos. Nunca um chefe indígena, um tuxaua soberbo, tivera a imagem de ser carregado nas costas dos seus vassalos de tribos. Não possuiria autoridade para tal luxo nem o julgava existente. Não havendo animais de cargas, o indígena não conceberia semelhante prática.

A rede de viagem, na Cidade do Salvador e arredores, popularizou-se, estendendo-se rapidamente pelo Brasil colonial. Já em 1583 o padre visitador Cristóvão de Gouvea viajava de rede:

"Partimos para a aldeia do Espírito Santo, sete léguas da Bahia, com alguns trinta índios, que com seus arcos e flechas vieram para acompanhar o Padre e revezados de dois em dois o levaram numa rede" (Fernão Cardim).

SERPENTINA

Ainda em 1696 Froger, companheiro de De Gennes, encontra na Cidade do Salvador a rede coberta com um dossel bordado, levada por dois africanos o regular meio de transporte urbano da sociedade mais alta. Dezoito anos depois Frezier as descrevia na capital do Brasil português, com almofadas e cortinas vistosas, tendo o nome de *Serpentinas*. No Rio de Janeiro as Serpentinas trafegaram abundantes até meados do século XVIII. Eram comuns no Nordeste e mesmo depois da primeira década do século XIX Henry Koster registrava-as e fazia desenhá-las, transportando a senhora de um fazendeiro dirigindo-se à cidade. Faziam parte da paisagem citadina e rural.

Estas redes de transporte foram exportadas para África e Ásia pelos portugueses abastados e espanhóis amigos do seu descanso. Resistiram muitos anos em Luanda, Guiné e Goa.

Era uma projeção da liteira em Espanha e Portugal, aquela que Cruz e Silva no "Hissope" evocava com o pomposo dom Lourenço de Lencastre, bispo de Elvas:

> *Já na rica liteira recortado,*
> *Da cidade, saía o gordo Bispo.*
> *Dois lacaios membrudos e possantes*
> *Guiavam a compasso os grandes machos.*

Semelhantemente ocorria na América Espanhola e frei Bartolomé de Las Casas assinalava:

"A algunos señores de los no muy grandes daba licencia y privilegio que pudiesen andar en hamacas. E ainda: Mucho tiempo duró dar yndios en los tumbos para cargar todos los que cada uno pedia, y aun para amacas, si queria camynar en ombros de yndios." ("Colección de Documentos Índios Americanos". Ocean. XVII, 1872, 1571).

Durante o domínio holandês os nordestinos não abandonaram a técnica da viagem sossegada e as redes atravessavam caminhos e ruas, esbarrando com os soberbos mercenários flamengos e alemães que arrastavam os espadagões nas pedras da Cidade Maurícia, Paraíba ou Natal. Contaminados pelo costume preguiçoso é de prever que os flamengos e judeus, novos proprietários de engenhos de açúcar, aderissem à rede oscilante e gostosa nas viagens dos canaviais para o Recife em vez da sela dura que os breves colchins de linho esfiado afofavam. As mulheres então abandonaram quase totalmente os cavalos-de-selim e mesmo, com boa proporção, as liteiras lentas. A rede era solução indolente para a poeira, calor e distância. E em rede a fidalguia do tempo vinha se arrastando, olhos fechados, descansando a preguiça, para as jornadas indispensáveis, festa do Conde Governador, conspiração ou negócio, no ritmo bambo da vida social do século XVII. Os desenhos do tempo testificam.

Mais ou menos em 1870 as seges multiplicaram-se no Rio de Janeiro, puxadas pelo par de bestas pacientes, sonorizando as ladeiras talqualmente ocorria na Cidade do Salvador que perdera o título de capital desde 1763. As seges batiam as ruas e guinchavam nas encostas pedregosas ou corriam, com ritual compasso, os logradouros cariocas e baianos, disputando prestígio às renitentes cadeirinhas de arruar e os leves palanquins graciosos onde eram vistos os olhos negros das iaiás irresistíveis e mesmo o Santíssimo Sacramento era conduzido num palanquim especial.

O solene Sir George Staunton, grave e faiscante Lord Macartney, já em 1792 vê no Rio de Janeiro dos vice-reis as seges de aluguel, com os cocheiros negros na boléia, esperando os fregueses e tocando violão.

A rede para descansar, amar, dormir, tornou-se também indispensável como viatura. Carregava a gente de prol nas ruas e mesmo para o interior das igrejas. Na volta de 1680, Gregório de Matos, numa missa de São Gonçalo na Bahia, encontrou seus amores levada em serpentina, igreja a dentro, com a naturalidade de um costume indiscutido:

> *Estava eu fora esperando,*
> *Que o clérigo se revista;*
> *Quando pela igreja entrou*
> *O Sol, numa serpentina.*

Dom frei José Fialho, Bispo de Olinda, em pastoral de 19 de fevereiro de 1726, proibiu em Pernambuco o excesso afrontoso da indolência fidalga que Gilberto Freyre citou:

"Por nos parecer indecente entrarem algumas pessoas do sexo feminino em serpentina, ou redes, dentro da igreja, ou capelas, proibimos tal ingresso."

Mas, ainda em 1844 as redes de viagem trafegavam no Recife e seus arredores, balançando a Ponte de Motocolombó.

Os escravos carregadores traziam dois sólidos varapaus com pontas em forquilhas onde equilibravam as extremidades do "pau-da-rede", quando era preciso descanso ou paragem. Vezes os dois senhores de engenho entabolavam conversa animada e longa, cada um na sua rede, sossegados e normais. Depois continuavam jornada, um para cada lado, ao ombro dos negros fiéis.

Descrevendo as casas jesuíticas de que tinha sido arrancado do Maranhão pela cólera popular, o padre Antonio Vieira, no famoso sermão da Epifania pregado em Lisboa na Capela Real (1662), recenseava, indignado e saudoso:

> "nas celas de taipas pardas, e telhas vãs alguns livros, catecismos, disciplinas, cilícios, e uma tábua, ou rede em lugar de camas, porque as que levamos de cá se dedicaram a um hospital, que não havia".

Não seria, certamente, por uma renúncia piedosa que as camas foram substituídas pelas redes. As redes repousavam mais e, desde 1570, eram *as camas do Brasil*.

PRESENÇA NA ARISTOCRACIA RURAL

Quando se afirma, fundada no massapê dos canaviais, a aristocracia rural do Nordeste, em sua linha mestra a rede é, tanto quanto o cavalo senhorial que só o amo montava, um signo heráldico. Armada e branca no orgulho da varanda orgulhosa da Casa Grande valia como o trono baixo, o estrado rutilante do Grão-Mogol. Dali supervisionava o mundo povoado de escravos e chaminés fumegantes.

Para o interior a cama existia, mas não a prestigiava o uso assíduo do senhor de engenho. Era apenas uma obrigação protocolar possuí-la, grande, com almofadas de paina ou fofo algodão, revestida com a brilhante sobrecama recamada de relevos e franjada, às vezes, de canutilhos de ouro. Mas era como a sala de visitas, pomposa com a mobília de jacarandá recortada em dragões, o límpido espelho de Veneza com sua orla de veludo escarlate, o tapete caro e raro, esperando visitas de cerimônia, difíceis e fortuitas naquele recanto indispensável e rico, mas inútil à vida habitual da família abastada.³

A rede sim era quase tudo. Dizia sua presença constante uma insígnia dominadora da preguiça poderosa. Amadeu Amaral ("Dialeto Caipira") falando da rede presta-lhe a homenagem lógica.

> "Em São Paulo faz as vezes de espreguiçadeira; é o assento de honra, que se oferece às visitas respeitáveis."

Deduza-se no Nordeste, onde tradição e clima valorizam a comodista e deleitável companhia.

Gilberto Freyre resume a onipresença da rede na Casa Grande dos fidalgos no ciclo da cana-de-açúcar:

> "Ociosa, mas alagada de preocupações sexuais, a vida do senhor de engenho tornou-se uma vida de rede. Rede parada, com o senhor descansando, dormindo, cochilando. Rede andando, com o senhor em viagem ou a passeio debaixo de tapetes ou cortinas. Rede rangendo, com o senhor copulando dentro dela. Da rede não precisava afastar-se o escravocrata para dar suas ordens aos negros; mandar escrever suas cartas pelo caixeiro ou pelo capelão; jogar gamão com algum parente ou compadre. De rede viajavam quase todos – sem ânimo para montar a cavalo; deixando-se tirar de dentro de casa como geléia por uma colher. Depois do almoço, ou do jantar, era na rede que eles faziam longamente o quilo – palitando os dentes, fumando charuto, cuspindo no chão, arrotando alto, peidando, deixando-se abanar, agradar e catar piolho pelas molequinhas, coçando os pés ou a genitália; uns coçando-se por vício; outros por doença venérea ou da pele."

Mas a rede não amoleceu a têmpera dos seus devotos. Fernandes Vieira, André Vidal de Negreiros, dom Antonio Felipe Camarão, Henrique Dias, saíram dela para expulsar o holandês da terra pernambucana. E as gravuras flamengas da época, divulgadas no cronicão de Barléu, mostram a rede carregando seus fiéis para passeio e negócio. Ainda Gilberto Freyre expõe:

> "É verdade que esses homens moles, de mãos de mulher; amigos exagerados da rede; voluptuosos do ócio; aristocratas com vergonha de ter pernas e pés para andar e pisar no chão como qualquer escravo ou plebeu – souberam ser duros e valentes em momentos de perigo. Souberam empunhar espadas e repelir estrangeiros afoitos; defender-se de bugres; expulsar da colônia capitães-generais de Sua Majes-

---

3   Quando falo em sala de visitas refiro-me aos fins do século XVIII e mais logicamente às primeiras décadas do XIX. Antes, eram inexistentes.

tade. Foram os senhores de engenho pernambucanos que colonizaram a Paraíba e o Rio Grande do Norte, tendo de enfrentar índios dos mais bravos e valentes; que livraram o Maranhão dos franceses; que expulsaram os holandeses do Norte do Brasil."

Depois das façanhas, voltavam às redes, saudosos do amavio e saciados de glórias. Souchu de Rennefort (cit. in Gilberto Freyre), em 1688, depois de todas as valentias realizadas, escreveu que os pernambucanos *dorment & fument & n'ont guère d'autres meubles que des branles de cotton & des nattes*. As redes e as esteiras haviam voltado, dominadoras.

Também aqueles barões feudais que faziam o pajem apanhar um lenço caído porque não tinham coragem de curvar-se, batiam-se dias inteiros vestidos de ferro, com os montantes que não podemos erguer e, luta acabada, retomavam a doce preguiça, arrastada e castelã.

Em 1808, John Luccock não mais vê as Serpentinas no Rio de Janeiro, mas os defuntos pobres eram enviados para o cemitério dentro das redes humildes. O transporte de rede ficara teimando em viver por todo o interior do Nordeste, insubstituível para as jornadas curtas e levada de doente mimoso.

A rede pelo Brasil

Nas regiões meridionais e centrais do Brasil a rede seguira o tupi e contaminara o colono, mameluco, curiboca, brasileiro de seiscentos e setecentos. Para as raias de Santa Catarina, Paraná e Rio Grande do Sul o clima não favorecia o embalo e sim a dormida fixa, perto do lume aquecedor, esteira de couro de boi ou de outro animal, conservando a pelagem inteira, mantendo aquecimento mais duradouro. Assim John Luccock e tantos anos depois Saint-Hilaire não deparam redes gaúchas, catarinenses ou paranaenses. Goiás não as teve abundantemente como Mato Grosso que as deveu ao paulista dos setecentos. Os paulistas de Itu e Sorocaba levaram a rede. Sorocaba fora centro de fabrico e venda.

Os indígenas Carijós popularizaram a rede para a população do planalto de Piratininga e sabemos da notícia do padre Anchieta em 1554 quando a *maior parte dos Irmãos* jesuítas dormia nas redes à moda indígena.

Alcântara Machado, estudando os inventários paulistanos, informa o suficiente sobre a rede contemporânea e amiga no ciclo das Bandeiras. Já num rol de bens de Grácia Rodrigues, mulher de Pero Leme, mencionam duas redes. Alcântara Machado diz que as redes dos Carijós foram *adotadas prontamente pelos colonos*. Tão dominador seria seu uso que, em toda a vila, havia unicamente a cama de Gonçalo Pires em estado de ser utilizada pela imponência do Ouvidor Geral, Dr. Amâncio Rebêlo Coelho, visitando São Paulo na correição de 1620.

> "As redes, de trabalho mais apurado que as tecidas pelos índios, são atoalhadas, lavradas com suas franjas de cores, enfeitadas de abrolhos e varanda, e têm colchões e travesseiros adequados. Um pano de rede de tela carmesim forrada de tela verde com passamanes de prata, estimado em vinte mil réis, se destaca no espólio de Pascoal Leite Pais."

No correr do século XVII o frio ajuda os catres, também catres de mão, leves e rudimentares, mas já uma e outra cama de jacarandá aparece, com cortinas, colcha de sobrecama, meramente decorativa, franjada de ouro fino. Mas há muito encontro de tabelião que vai ouvir as últimas vontades do moribundo, *doente em uma rede,* fiel ao costume velho. E não é sem emoção que se vê, na evocação de Alcântara Machado, a menção da bagagem que leva o bandeirante, mergulhando nos "gerais", *a rede de dormir, a almofadinha com sua fronha, o cobertor, algumas toalhas formam o resto do enxoval,* afrontando o sertão brabo.

Até que se desfizessem, rasgadas e poídas pelo uso, as redes espalhavam sua propaganda por todo o percurso das caminhadas, pousos e arraiais. Não tenho elementos para afirmar sobre sua renovação ou desaparecimento definitivo, obrigando o dono ao sono na manta de lã grossa ou couro de bicho cabeludo. Tanto mais se andava para o Sul mais o frio pedia o calor gostoso dos grabatos, dos catres, dos cobertores tapados, ásperos, guardadores da quentura.

Em agosto-setembro de 1809 John Mawe não vê redes em Minas Gerais, que deviam existir, mas não nas zonas serranas regeladas.

> "Os leitos são guarnecidos de grossas enxergas de algodão, cheias de palhas secas ou de folhas de trigo. Raramente há mais de duas em uma casa, porque os criados dormem no chão sobre esteiras ou couro seco",

escreve Mawe. Para o viajante inglês a cama era simples sinônimo de colchão.

> "Uma das nossas camas estava estendida sobre uma mesa, e a outra no chão, sobre um couro seco e feitas ambas de um saco cheio de palha de milho. Pode-se ainda dormir sobre tais camas; em cinco minutos meu companheiro estava mergu-

lhado no mais profundo sono; mas o negro relaxado tinha se esquecido de retirar da minha os sabugos, de sorte que me foi impossível encontrar uma posição cômoda,"

depõe Mister Mawe.

Neste mesmo 1809 John Luccock não depara redes no Rio Grande do Sul. Ainda em março de 1882 Herbert H. Smith escreve sobre as pousadas gaúchas:

"Era preciso coragem para pousar aqui, pois as acomodações eram nulas. Alberto, felizmente, levou consigo a rede que trouxera do Pará, quase que ainda não conhecida na Província, e com alguma dificuldade encontrou-se espaço suficiente para armá-la."

No Nordeste, Henry Koster, viajando do Recife a Fortaleza em novembro de 1810, faz o elogio da rede com sua gravidade de inglês nascido em Portugal:

"A rede é geralmente feita de algodão, com várias dimensões em cores e arranjos. As usadas nas classes baixas são tecidas em algodão, fiado nas manufaturas do país, outras são de malhas com vários fios, de onde provém o nome de "rede", outras ainda são formadas de uma longa renda, fixada atravessadamente com intervalos. Essas últimas, usualmente pintadas de duas cores, são encontradas nas casas ricas. Essa espécie de leito foi adaptado dos indígenas e não é possível imaginar-se nada mais conveniente nem melhor adequado ao clima. Pode dobrar-se, ocupando espaço diminuto e, com um pano de baeta por cobertor, tem-se a tepidez suficiente."

E dormiu em rede enquanto viveu.
Em 1817 Von Martius descreve os cômodos de um viajante:

"Como cama serve um couro de boi, ou há umas ripas estendidas sobre paus fincados na terra e cobertos com uma esteira, ou rede, e, em vez de cobertas, a própria roupa do viajante."

Em dezembro acrescentava:

"Em vez de leitos, servem-se os brasileiros, quase por toda a parte, de redes tecidas (maqueiras), que, nas Províncias de São Paulo e de Minas, são mais fortes e caprichosamente feitas com fio de algodão branco e de cor."

Informava Von Martius do fabrico regular de redes paulistas e mineiras o uso comum, natural, freqüente, *servem-se os brasileiros, quase por toda parte, de redes.*

Depois há esta declaração peremptória dos paulistas de 1817:

> "Não raro se ouve dizer nesta Província: Se não houvéssemos sido os primeiros a descobrir as minas de ouro, teríamos bastante merecido da Pátria, inventando a canjica e as redes, que primeiro imitamos dos índios."

Em março de 1822 Augusto de Saint-Hilaire, viajando entre Lorena e Guaratinguetá, confirma a presença da rede paulista e o meio desaparecimento em Minas Gerais.

> "Todas as vezes que lhes deitei os olhos ao interior, vi uma rede suspensa e algumas pessoas dentro. O uso da rede, quase desconhecido na Capitania de Minas, é muito espalhado na de São Paulo a exemplo dos hábitos dos índios, outrora numerosos nesta região. Já tive muitas vezes a ocasião de notar, que por toda parte onde existiram índios, os europeus, destruindo-os, adotaram vários de seus costumes e lhes tomaram muitas palavras da língua."

E em Mogi das Cruzes, falando sobre a cultura local do algodão, anota:

> "Com a fibra malvácea ali se faziam cobertas bem finas e bonitas redes."

Ainda em 1820 as Antilhas compravam redes amazônicas.

Declínio

Com o lento enfraquecimento do artesanato doméstico as redes diminuíram, enquanto a facilidade do fabrico de leitos e de camas-de-vento crescia com o aumento de carpinteiros atraídos pelo desenvolvimento das vilas que gravitavam ao derredor das cidades grandes, Rio de Janeiro e São Paulo. A influência das modas de França, depois de 1830, vulgarizava os leitos e era fácil o reproche de ainda manter-se uma tradição indígena, uso de "bárbaros" em pleno regime de "civilização". A rede, especialmente no Sul do país, sofreu longa, diária e teimosa campanha de descrédito como elemento desmoralizador dos foros progressistas do Império. Sempre esperamos valorização do "nacional" pela opinião estrangeira do alienígena. Se houver concordância é que estamos certos. No contrário, é tempo de "corrigirmos" a usança, evitando o atraso, a retrogradação, a barbárie. Os nossos são padrões da "gente de fora", embaixadores das terras sábias e dos povos cultos. Como nas velhas quintilhas de Simão Machado, o brasileiro é digníssimo filho do português na desconfiança dos seus próprios méritos e embevecimento pelos alheios:

> *Enfim que por natureza*
> *E constelação do clima,*
> *Esta nação portuguesa,*
> *O nada estrangeiro estima,*
> *O muito dos seus despreza.*

A frase de Montaigne *que chacun appelle barbarie ce qui n'est pas de son usage,* nós aplicamos justamente ao inverso, e vamos muito bem.

A rede no Sul do Brasil não desapareceu por uma verificação de inutilidade, mas pela imposição de um julgamento ditado pela voga européia, pela moda, pela irresistível força sedutora da imitação. O clímax é possível situar-se entre 1830 e 1848. Em 1850, a rede estava em pleno declínio e havia acanhamento em usar-se dela. O Norte, com as garantias do clima (a tradição era igualmente forte para Sul e Norte) sustentou o costume que ainda permanece em situação de resistência, senão de amplitude funcional. A guerra contra Francisco Solano Lopez, ditador do Paraguai (1865-70), deu um certo alento e, depois da campanha, os veteranos adoravam contar as façanhas ao embalo das redes rangedeiras. Muita rede foi enviada de presente aos companheiros do Sul. E era lembrança local apreciada, "souvenir" dos deputados gerais e senadores do Império aos seus colegas meridionais. O Visconde de Mauá possuiu uma grande e confortável rede, dada pelo deputado pelo Rio Grande do Norte, Amaro Carneiro Bezerra Cavalcanti, Amaro Bezerra, o "Tintureira" bonachão e violento, égide "luzia" nas últimas décadas imperiais. Na República, o deputado Augusto Severo, que morreu na explosão do dirigível *Pax* em Paris (12 de maio de 1902), voltava do Natal para a Câmara levando um carregamento de redes de dormir e queijos de manteiga do Seridó, ofertas disputadas pelos seus amigos do Parlamento. O senador Pedro Velho obrigava a instalação de sua rede inseparável nos hotéis onde morava no Rio de Janeiro, rede em que Rui Barbosa se deitou, sorridente, e Pinheiro Machado balançava-se, enrolando palha de milho com fumo negro de Goiás.

O ESCRAVO E A REDE

A rede foi levada para a África e a Índia pelo português, e também para a Índia conduziu-a o inglês, e dela fala Rudyard Kipling no "Jungle Book".

O africano dormia no chão, em cima de esteiras, peles de animais, estrados de madeira com taliscas entrelaçadas, de pouca altura, cobertos com couro e, para os soberanos e potentados, almofadas, algumas de couro franjado e dossel de pano grosso. A rede ficou sendo mais conhecida como forma de transporte bem inferior ao palanquim aberto, espécie de altar onde o rei negro era conduzido, num espetáculo de ostentação natural. Esporadicamente é que aparece a rede numa cabana de soba em regiões sob o domínio de Portugal. Realmente não se integrou no mobiliário negro.

Meu tio Antonio Nicácio Fernandes Pimenta dizia-me que o escravo chegado da África, o boçal, só sabia dormir no chão, enrolado na coberta. Não havia jeito de obrigá-lo a pernoitar na rede. Não sabia "entrar" e ainda menos "sair". Ficava lá dentro, assombrado, desequilibrado, incapaz de alcançar o solo, debaixo das vaias dos "ladinos", afeitos ao novo e oscilante leito tropical. Dormiam no barro das senzalas, enrodilhados, amontoados uns junto dos outros, permutando aquecimento, rosnando sonhos debaixo do cobertor de baeta, encarnado ou azul, um dos primeiros presentes recebidos do novo senhor-amo.

Mesmo escravo sacudido, gaguejando palavras de português, continuando no serviço pesado, serviço bruto, canavial, juntando gado, seguia dormindo numa esteira com a mulher. Muitos resistiram à rede. Viveram e morreram sem abandonar a dormida no chão.

Um processo de persuasão das senhoras brancas, mucamas espertas, sinhá moça apiedada, era convencer a negra de usar a rede, especialmente depois de mães. Davam redinhas para meninos, pequeninas, pobres, simples, denominadas *quitangues* pelos escravos, e punham o negrinho no seu côncavo macio. A negra começava a balançar, cantando baixo e ficava adorando a rede pelo seu conteúdo e auxílio. Os moleques habituavam-se depressa e eram fiéis a vida inteira, tanto quanto os indígenas. Estas informações se referem aos negros de senzala e não aos da Casa Grande, adstritos ao serviço dos amos. Pajens, mucamas, crias, recadeiros, crioulinhas, todos tinham suas redes indispensáveis. Redes marcadas com um leve bordadinho, firmando a posse, nas travessas das mamucabas.

O uso da rede amansava o escravo. O coronel Felipe Ferreira (1844-1935), senhor do engenho "Mangabeira" em Arez, latifundiário, ex-dono de escravos (ainda conheci numa dependência da Casa Grande uma escrava, alforriada antes de 1888), informou-me que se podia aferir de certas aptidões do negro pela maneira com que ele tratava sua rede. Abandonada, aberta dia inteiro ao uso dos outros pretos, indo deitar-se com os pés sujos, emporcalhando-a, limpando as mãos nela, deixando-a rasgada sem procurar conserto, servindo-se dela como para depósito, enchendo-a de troços, frutas, roupas, eram os piores indícios de desleixo. Negro que não zela sua rede não zela seu amo.

Varandas

Pela duração da rede deduzia-se o espírito de cuidado do possuidor. Uma rede nova era uma festa para os escravos e uma com varandas compridas orgulhava-os como distinção notória. No comum, a rede escrava não tinha varandas, mas as negras faziam milagres para compor varandinhas nos quitangues onde os filhos dormiam. Pediam restos das varandas velhas das redes senhoriais e laboriosamente ajustavam-nos às puças dos negrinhos, tornados importantes pela decoração exterior do leito vaivém. Uma cama de lona, muito usada, posta na senzala, utilizavam-na como armário, guardando todas as coisas em cima, as humildes "catrevagens" preciosas. Nenhum membro da família escrava aproveitou-a para dormir. A macróbia que conheci em Mangabeira, entretanto, vivia numa cama-de-vento (estrado de lona) que parece ter sido predileção das negras doentes e antigas.

Para a população pobre, dormindo de rede e jogando o punhado de farinha à boca, a distância e sem erro no alvo, aplicar-se-ia o verso que Capistrano de Abreu divulgou:

Vida do Pará
Vida de descanso;
Comer de arremesso,
Dormir de balanço.

Contemporaneidade

No Brasil contemporâneo a rede de dormir começa seu reinado na Bahia, Norte e Centro[4] e vai rareando e desaparecendo para a fronteira do Sul.

No Espírito Santo já quase não existe funcionalmente. O escritor Guilherme Santos Neves (Vitória, 13 de setembro de 1957) informa-se:

> "Posso, todavia, dizer que ela não é usada pelo nosso povo simples. Nem mesmo a gente das praias. Mas existem – por influência evidente do Norte e Nordeste brasileiros – em varandas das casas praianas, casas de pessoas abastadas, burgueses ou de gente bem. Da mesma forma, no interior do Estado, em fazendas ou casas menores. Mas, num e noutro caso, não propriamente para *dormir*. Para os cochilos da sesta, para a leitura ou conversa, quase sempre nos alpendres ou varandas. E de dia. Isto sim, é comum entre nós. A dormida é sempre em camas, em colchões ou em esteiras. Rede, não. O povo miúdo, esse, posso garantir, não dorme em rede. Falta mesmo em seus casebres e mocambos. Creio que a prova melhor disso está em que não há referência nenhuma à rede de dormir no trovário entoado por aqui. No milheiro de trovas que recolhemos para o nosso 'Cancioneiro', não há uma só em que se anote a presença dessa rede. E, no entanto, faz-se menção ali à *cama* ou *á esteira*."

No Rio de Janeiro as redes aparecem como recordações nordestinas, especialmente nos arrabaldes onde há quem nelas durma, teimosamente, exceto nos meses frios. É um excelente mercado da produção nortista, com vários postos de vendagem em uso regular. O fato atesta sua continuidade irresponsível. Para descanso há milhares delas, balançadas nas brisas cariocas.

Em São Paulo, Alceu Maynard Araujo, grande pesquisador, escreve no seu "Festas" (edição da Escola de Sociologia e Política):

> "Hoje é raro ver-se uma rede de defunto no Estado de São Paulo. Só nos mais remotos rincões é usada para levar o defunto para o sepultamento no 'sagrado' – cemitério. O serviço sanitário não permite a entrada de redes de defunto na cidade. Porém, nessa noite de sortilégio (*a de São João*) procuram ver uma *rede* e não um caixão de defunto (*nas adivinhações*). Traço folclórico do velho hábito aprendido com o índio de dormir na rede, hoje praticamente inexistente no Estado bandeirante. Além do frio, pode-se apontar um fator sócio-econômico a levar o paulista a não dormir na rede – o revelador do *status* – 'só gente muito pobre é que dorme na rede'.
> Por outro lado, nas cidades é muito difundido o uso de redes – ricas redes – que servem apenas para repousar nas horas de lazer, 'tirar pestanas', 'sonecas diges-

---

[4] Informação de D. Marcolino Dantas, Arcebispo de Natal, baiano de Inhambupe.

tivas' durante o dia e jamais para dormir à noite. Com a rede, mantém-se (outra raridade) outro traço folclórico – a sesta, comum nas cidades interioranas e estações balneárias ou de repouso onde os ponteiros do relógio não castigam o homem, governando-lhe a vida."

Entre as "simpatias" arroladas na Medicina Caipira paulista, Alceu Maynard Araujo registrou esta, referente à rede ("Alguns ritos mágicos, edição Gráfica da Prefeitura de São Paulo):

"Um moço ficou endemoninhado; estava magro, parecia que ia morrer, foi preciso que se fizesse a seguinte simpatia: o rapaz deitou-se numa rede de carregar defunto e o pai surrou-o com uma vara. Era preciso que quem o gerou fizesse isso para tirar o mau espírito do corpo."

Ainda há redeiras (tecedeiras de redes) em Sorocaba e Tatuí. Recorde-se o registro de Amadeu Amaral dando a rede como assento de honra para as visitas de cerimônia e sua presença para sestear e ler, servindo de cadeira horizontal.

Em Minas Gerais, área de relativa popularidade nas primeiras décadas do século XIX, a rede de dormir resiste como curiosidade nos municípios de clima temperado, compatível com a função. No Sul e Centro mineiros já não é crível que nenhum filho das "Alterosas" durma numa rede, fresca e leve. O escritor João Dornas Filho (Itaúna, 24 de agosto de 1957) esclarece:

"Minas, como os Estados do Sul, quase não conhece a rede por efeito do clima. Este ano, aqui em Itaúna, já tivemos 5° acima de 0 e ainda hoje, quase findo agosto, dormi de cobertor. Lá uma ou outra casa a possui por luxo como eu aqui no sítio, na qual leio os jornais na varanda e tiro uma cochilada depois do almoço. Para dormir de noite é querer virar sorvete. Mas, lembro-me ainda de assistir enterro da roça, cujo cadáver era conduzido na rede para o cemitério ao som do terço cantado pelos acompanhantes. Enfiavam uma vara de um punho a outro da rede, e o bicho vinha balançando ao ritmo dos caminhantes."

A rede permanece no Norte de Minas Gerais, Montes Claros, Coração de Jesus (Nelson Vianna, "Foiceiros e Vaqueiros", Rio de Janeiro, 1956) e certamente noutros municípios da mesma região, talvez inicialmente trazida pelo Rio São Francisco, às costas dos agregados e vaqueiros da Bahia e também dos paulistas no ciclo da mineração.

Num curso que proferiu em 1911 na Sorbonne, Oliveira Lima apontava como elementos de êxito na população, já brasileira, que fundara Minas Gerais, a usança normal da alimentação indígena, milho, banana, farinha de mandioca (e, juntamos nós, da carne moqueada de fácil preparação e transporte), as armas comuns de guerra, arco e flecha, e *a rede para repouso*.

É de esperar não encontrar-se a rede nos Estados do Sul, Paraná, Santa Catarina, Rio Grande do Sul, senão nos espécimes raros que os nortistas teimam em armar para a sesta nos dias do verão forte na terra gaúcha. Quase sempre o nortista leva uma rede como característica e a expõe como curiosidade, disfarçando a saudade da tradição. Meu cunhado Lauro Freire, que sete anos trabalhou como engenheiro em Blumenau, nunca dispensou balançar-se e roncar depois do almoço domingueiro numa rede natalense, *avis rara in terra aliena,* numa cidade de Santa Catarina. E disse-me que outras viviam em Blumenau, nas unhas dos nordestinos saudosistas. O idêntico verificar-se-á no Paraná e Rio Grande do Sul.

Para Mato Grosso e Goiás não somente o indígena as usava como o paulista divulgou-as. São índices infalíveis da presença nordestina a implantação da rede de dormir, uso e abuso, na preguiça dominical, como também a *vadiação* da Vaquejada, derrubada dos touros e novilhos pela cauda.

Ainda em finais do século XIX as redes paulistas de Sorocaba espalhavam-se em Goiás e Mato Grosso, popularizando e avivando as indolências domingueiras.

Max Schmidt ("Estudos de Etnologia Brasileira") presenciando em 1900 uma dança popular mato-grossense, o "Ciriri", ouviu esta quadra expressiva:

> *Lá em cima daquele morro*
> *Tem um pé de alfavaca,*
> *O homem que não tem rede*
> *Dorme no couro da vaca.*

Sobre a rede em Mato Grosso, o ministro Rosário Congro (Três Lagoas, 18 de outubro de 1957) elucida excelentemente:

> "Em Mato Grosso é comum o uso da rede de dormir, notadamente na região Norte do Estado. Em Vargem Grande, perto de Cuiabá, a indústria caseira de redes de dormir é notável, desde as mais modestas às mais valiosas, com artísticos arabescos a começar das amplas franjas ou 'varandas'."

O fio comum é preparado ali mesmo, mas importam o chamado "novelinho" e outros, macios e lustrosos, que dão a impressão da gente se deitar em embalos de seda. Fabricam também redes com uma das faces felpudas, para o inverno, mas são de uso restrito.

Os vendedores de redes aparecem diariamente pelos hotéis da capital e os adquirentes escolhem, dizendo quase sempre: "tenho encomenda de uma cuiabana destas".

Em Cuiabá, Poconé; Cáceres, Diamantino, Rosário Oeste e pequenas outras localidades, do Norte e Oeste, rara é a casa onde não se usa a rede de dormir. E também de luxo, para as salas de estar.

Na região do Leste, Poxoréu, Guiratinga, Rondonópolis, Barra do Garças, o uso das redes é generalizado, como na região do Centro – Corumbá e Coxim. No Sul, de Campo Grande, da estrada de ferro até o extremo, que fronteia com o Paraguai, já escasseia esse uso, pois o clima é mais temperado e o inverno chega a ser rigoroso.

As redes mato-grossenses são do tipo brasileiro, com um só punho para cada lado.

O comércio expõe muita rede do Ceará, artigo de preço inferior, vendido aos sertanejos, garimpeiros e condutores de boiadas.

Não há por estes lados, quem viaje a cavalo que não traga a sua rede na garupa ou dobrada por baixo do pelego.

As índias Bororos, que vivem no Leste nas colônias mantidas pelos Salesianos ou pelo Serviço Nacional de Proteção aos Índios, tecem as redes da tribo e para isso preparam o fio, do algodão que plantam. E às vezes, vêm ao "comércio" vendê-las.

Viajando para Cuiabá em 1883, Herbert H. Smith encontra o navio cheio de redes. Mais de 80% dos passageiros dormem nelas.

> "O espaço aproveitável que fica no salão, encheu-se de redes, amarradas juntas. Para chegar à minha cama, que era em um banco na outra extremidade, tinha de ir me arrastando por debaixo de sete redes."

E há um incidente curioso:

> "Uma vez, certa rede que estava armada por cima de mim, estando mal segura, cedeu, e o dono caiu-me em cima; desculpamo-nos mutuamente, e ajudei-o a armar a rede melhor. Passado este pequeno incidente, dormi em paz até amanhecer."

Como ocorria nos navios de cabotagem do Norte, a rede era a cama habitual para a viagem de Mato Grosso.

Em Goiás há uso generalizado na zona Norte do Estado e mesmo fabricação isolada, na velha herança do artesanato doméstico. A produção goiana não basta ao consumo e decorrentemente Goiás é mercado para as fábricas nordestinas, Paraíba, Rio Grande do Norte, Ceará.

De agosto a outubro de 1931, Lysias Rodrigues (faleceu Brigadeiro em 1957) atravessou Goiás, de Ipameri até a paraense Marabá, jornada a cavalo e, todos da comitiva, dormindo e encontrando redes, normal e habitualmente.

A rede retoma domínio do Norte da Bahia para cima, até o mundo verde da Amazônia.

Esplendor e aposentadoria na Marinha

A rede de dormir serviu e ainda serve em nossa Marinha de Guerra e Mercante. Está sendo substituída maciçamente pelo "ebliche", cama-de-vento, catre.[5]

Desde quando a maca entrou para o serviço normal dos navios de guerra no Brasil? Impossível é responder olhando documentos. A lógica manda avisar que a maca é contemporânea ao nascimento de nossa Marinha de Guerra, desde as guerras da Independência. Já era, como sabemos, usada nos navios do século XVI e se tornara praxe inevitada na maioria absoluta dos navios, europeus e americanos.

Era uma tradição que nenhuma lei brasileira autorizava. Naturalmente, com a organização naval, a maca impunha sua presença e deter-

---

[5] O almirante Cesar Augusto Machado da Fonseca, Diretor do Serviço de Documentação Geral da Marinha, em carta de 27 de agosto de 1957, teve a bondade de informar-me:

"... o Senhor verá que a maca foi introduzida na nossa Marinha em 1826. No presente, as praças não recebem mais aquela peça. Entretanto constitui ela equipamento da unidade, uma vez que deverá manter no paiol, para os casos de emergência, uma quantidade de macas correspondente a 10% do efetivo das praças (observação nº 4 das instruções para o pedido de fardamento publicadas no Boletim do Ministério da Marinha nº 48, de 26 de novembro de 1954, página nº 6.117 *usque* 6.120). Devo esclarecer-lhe que a não ser os navios do Programa Naval de 1910 e alguns outros que chegaram a tomar parte nas operações da Segunda Grande Guerra Mundial, e já com baixa do Serviço da Armada, todos os outros, a começar pelo NE 'Almirante Saldanha', em 1933, e navios tipo 'Marcílio Dias', em 1937, seguidos dos Contratorpedeiros tipo 'Apa', classe 'Bertioga'; Caças Submarinos classe 'Guaporé', classe 'Javari', e, ultimamente, Cruzadores 'Barroso' e 'Tamandaré', só usam beliches, como instalações apropriadas ao alojamento da guarnição. Macas, propriamente, só nas Escolas de Aprendizes Marinheiros e Quartel do Corpo de Fuzileiros. Neste mesmo vão elas ser substituídas por beliches, como já se fez nos Centros de Instruções do Corpo de Fuzileiros Navais, Almirante Tamandaré e Almirante Wandenkolk".

minara a existência de regulamentos quanto à sua permanência, desgaste, propriedade e substituição. Vieram os "avisos", as fiscalizações, e os arquivos guardam estas provas velhas da maca oficial, mas não podem fixar seu começo... já secular dentro das naus.

O almirante C. A. Machado da Fonseca identificou a mais antiga referência às macas na legislação naval. Trata-se de um aviso de 11 de novembro de 1826 mandando fornecer à tropa da Marinha no Rio de Janeiro as macas e os colchões e cobertores que se fornecem às equipagens e que não podia passar de navio para navio e são reputadas como objetos emprestados às praças que delas se servem. Outro aviso de 13 de fevereiro de 1827 prevenia quanto ao desencaminhamento das macas. Seriam pagas, descontando-se-lhes a quarta parte dos soldos ou soldadas, pela Intendência da Marinha. Macas, colchões e cobertores seriam numerados e classificados. Não obstante esta ordem (a de 13 de fevereiro de 1827), eram os objetos considerados propriedade dos marinheiros e soldados.

Um período é expressivo para evidenciar o uso anterior ao "aviso" de 11 de novembro de 1826: macas, colchões e cobertores *que se fornecem às equipagens...*

Enfim, a rede de dormir foi elemento presente desde, oficialmente, 1826 a 1954 e ainda constitui equipamento da unidade, devendo existir no paiol, para os casos de emergência, uma quantidade de macas correspondente a 10% do efetivo das praças.

Os velhos nautas do século XVI abandonaram os catres como haviam deixado os primitivos enxergões pelas macas, leves, confortáveis, fisiológica e psicologicamente maravilhosas. Neste 1957, as macas vão sendo aposentadas e regressam aos catres, sob o nome de beliches. Beliche era a divisão, o quarto, o pequeno aposento de tábuas onde se dormia no mar. Assim está no dicionário de Moraes (edição de 1831) e no "Pequeno Dicionário Brasileiro da Língua Portuguesa", de 1951. Quem sabe lá se, quatrocentos anos depois, como houve aos catres, não haja regresso às macas?

CAPÍTULO II

Indígena Urubu, em grande gala, aguarda na rede o início da dança guerreira. Na mão, o charuto na forma do século XVI. Os Urubus são Tupi do Alto Gurupi, Maranhão e Pará. (Gentileza do Serviço de Proteção aos Índios.)

> *Tu embalaste, em eras transmontadas,*
> *frutos, inda imaturos, de três raças!*
>
> JAIME DOS G. WANDERLEY

GEOGRAFIA DA REDE

A rede derramava-se no século XVI em diante pelas grandes e pequenas Antilhas e do Panamá atual até as Guianas.

Era a Tierra Firme que J. Lopez de Velasco na sua "Geografia General de las Índias" (1574) apontava desde *la costa que hay desde la Margarita hasta el rio Darién... y continuando el descubrimiento de la costa hasta el Nombre de Dios, extendieron el nombre hasta la provincia de Panamá, que vino después a llamarse señaladamente Tierra Firme.*

Vinha de Cuba, englobando os rosários de ilhas, até Trinidad.

Para o Pacífico a hamaca estava na Colômbia. Fernandez de Oviedo registrara: *Los hombres son trabajadores en hacer redes y amacas de cabuya e nasas para pescar* ("História Natural de Índias"). E para o Peru, Garcilaso dissera que a voz taína fora introduzida por *los españoles en el Imperio Incaico.* Cieça, na "Cronica del Peru", é peremptório falando dos naturais: *dormian y dormen en hamacas.* O clima do Chile (da quíchua, *chiri,* frio, ou *tchili,* neve) afastava as redes demasiado transparentes, entretanto existem.

Para o Norte, México foi zona de menor conquista. Fernandez de Salazar fala que *el herido llevaron los indios en una hamaca a Méjico* ("Cronica de la Nueva España") e Lerdo, "Comercio de Méjico" (edição 1835, nº 15) registra: *257 piezas cordaje o jarcia, 1.057 arrobas tiburoneras, 761 mantas, 325 hamacas.* Foi uso levado pela presença castelhana.

É da Colômbia a cantiga popular que Malaret recolheu:

> *Duérmete niñito*
> *que estás en la hamaca,*
> *que no hay mazamorra*
> *ni leche de vaca.*

Para o lado do Atlântico a rede era senhora e dona dos sonos.

Na Espanhola (Haiti e Santo Domingo) a informação de frei Bartolomé de Las Casas é abundante e clara:

> "Los vecinos naturales indios desta Isla criaban en las hamacas, sus camas, y tambien las cabezas hartos piojos... las camas en que dormían que se llaman hamacas, eran de hechura de una honda... Algunas cosas que hacian de algodón, como eran las hamacas donde dormían."

E quando morriam, talqualmente no Brasil indígena:

> "envolvían los cuerpos con todas las joyas de oro en una hamaca... en torno de la hamaca donde él estaba envuelto ponian armas".

Para o Brasil a rede acompanha o Tupi-Guarani e sabemos que alcançava o Chaco entre Paraguai e Bolívia.

Ainda em 1817 Von Martius elogia a abundância das redes de São Paulo e Minas Gerais, *fortes e caprichosamente feitas com fio de algodão branco e de cor*. Em 1822, Saint-Hilaire já pode afirmar que *o uso da rede é quase desconhecido na Capitania de Minas Gerais mas popularíssima na população paulista.*

Os indígenas, de aliança espontânea ou compulsiva com os espanhóis, carregaram as hamacas, divulgando-as nas terras que as ignoravam anteriormente. Assim para América Central e certas partes do México emigrou a balouçante hamaca, levada pelas mulheres fiéis, acompanhando as tropas inarredáveis para o caminho do sacrifício e extinção raciais. Os centros de irradiação situavam-se na Terra Firme e, muito tempo, na futura Colômbia. Para o Sul certos rios, como o Orinoco, foram canais de expansão, articulando-se, pelo Rio Negro, com o labirinto potamográfico do Amazonas. Por ali desceu o culto do reformador Jurupari que a catequese transformou em Demônio e pesadelo. Todas as tribos do Negro conheceram a hamaca, a ini dos tupis, que era uma "permanente" no litoral brasileiro onde quer que a raça permanecesse na vida inquieta de suas tribos.

Os cronistas do Brasil colonial registraram a rede por toda parte da costa e sua penetração diária nos costumes dos colonos brancos, herdados pelos descendentes mamelucos e curibocas.

No Nordeste a expansão da pastorícia do século XVIII, fixando o povoamento nos "currais", depois fazendas de gado, isoladas, distantes, semiperdidas de qualquer contato com as vilas e cidades plantadas nas proximidades da *pancada do mar,* possuiu na rede o leito fácil e natural que conservou, em maioria absoluta para o povo pobre, até nossos dias.

Uma denúncia é a pergunta aos amigos hóspedes: *Dorme em cama ou rede?*

Há, forçosamente, de ambas na residência ou no hotel do interior. Há poucos anos dizia-se, torcendo o lábio num esgar de desprezo: *É um homem cheio de luxos, de "bondades"; só dorme em cama!*...

Na geografia da rede as manchas acusando a maior densidade do costume alastram-se, sem solução interruptora, do Amazonas à Bahia.

Ainda a rede é "permanente" praieira e a companhia dileta do jangadeiro, do pescador de bote e de trasmalho. A rede nas praias, balançando ao sopro da variação vesperal à sombra dos coqueirais ou cajueiros frondosos, é uma visão familiar.

Da Espanhola (Haiti e Santo Domingos) possivelmente a rede passou às incontáveis ilhas, mas é de prever que a influência não tivesse sido contínua e menos ainda segura. A projeção etnográfica, partindo de ilha para ilha, é sempre inferior à comunicação dos hábitos nas orlas continentais. A ilha parece ter um sistema defensivo natural para não assimilar facilmente usos e costumes alienígenas. A insularidade é índice de conservação tradicional. A mesma identidade étnica não indica semelhança no plano da cultura e, às vezes, a percentagem é misteriosamente baixa. O quadro de coincidências e desaproximações no Mar dos Caraíbas lembra as distâncias surpreendentes na Melanésia e da Polinésia.

Ruth Benedict, falando sobre os indígenas Pueblo, lembrou que: *Ninguna cultura puede proteger-se de adiciones y cambios*. Justamente uma das alucinações em Antropologia Cultural é precisar-se *como, quando* e *por que* funciona o mecanismo das adições, permutas e modificações. Por isso a marcha da rede, do Sul para o Norte, ou vice-versa, não foi feita e creio que jamais o será. O indígena, como qualquer outro ser humano, imita, mas a imitação encontra as barreiras do costume que é lei severa pela reiteração coletiva. Mas não se pode dizer que a exceção seja impossível quando há exemplos múltiplos de imitação quase imediata, como daquele grupo indígena que, no espaço de duas semanas, repetiu no acampamento habitual o formato das cabanas que Karl von den Steinen erguera para abrigar-se. Era uma *"novidade"* sedutora e a moda afastou o cânon arquitetônico costumeiro. Não apareceram, mas algumas construções demonstraram a sugestão do modelo pela primeira vez diante dos olhos e com relativa facilidade de repetição. Esta imitação pode ter empurrado a rede nalgumas ilhas antilhanas, ajudando-a na marcha para o meio ou para o setentrião.

Influência da Cultura do Algodão

A difusão da rede parece ter devido orientação e interesse aos Tupi-Guaranis (Nordenskiöld, W. Schmidt, Métraux), especialmente porque estes empregaram preferencialmente o algodão ("Gossypium"). A rede de algodão é uma quase característica do Tupi e como ele e o Cariri foram os grandes povoadores do interior nordestino, haverá a preparação inicial para o uso da rede entre as populações sertanejas que nasceram ou depois foram fixadas naquelas regiões. Quero insistir neste pormenor, um pormenor que talvez seja de alta influência psicológica, atendendo-se que um hábito depende para sua formação de correspondências indispensáveis às capacidades inatas possuídas pelo adquirente. O sertanejo ficou em terras cujos antigos moradores usavam de rede desde tempo imemorial. Trouxessem os brancos, como creio, já este hábito do litoral quando vieram "situar" fazendas, tangendo as boiadas, de inquestionável ambientação foi o encontrar servidores nas redondezas com a tradição velhíssima que os ajudou a manter o costume.

Ponto tentador de conversa é o algodão como elemento que preponderou na movimentação das hamacas. Nordenskiöld, como o padre Wilhelm Schmidt, dá aos Tupi-Guaranis o título de divulgadores e propagandistas do plantio algodoeiro, e o limite meridional da rede de algodão corresponderá, exatamente, aos limites de sua expansão no Sul, segundo Alfred Métraux. E se excluirmos estes indígenas do mapa de distribuição das redes de algodão, verificar-se-á que estas serão encontradas apenas no Oeste, Norte e Centro da América do Sul (Métraux). O Leste é justamente a zona de influência decisiva e total.

Do México à Argentina

Mas a rede acompanhava o Tupi-Guarani e não ao algodão que se estendia desde os Estados Unidos, abundante no Novo México, Arizona, México e toda América, em vários tipos, todos utilizados e muitos deparados nas múmias incaicas (W. E. Safford). Eram o *Gossypium barbadense*, "sea island cotton" das Antilhas, o *Gossypium hirsutum*, "upland cotton" dos Estados Unidos, México e América Central, o *Gossypium hopi*, dos indígenas do Arizona e do Novo México, o *Gossypium brasiliense*, "amaniú" dos brasileiros, tupis, o *Gossypium peruvianum,* popular no Peru. A rede, entretanto, tem suas fronteiras mais reduzidas que as da malvácea, sua pré-colombiana aliada.

O material não explica o fabrico nem o determina. É preciso a existência funcional de uma técnica costumeira. No Rio Negro, terras do Içana e do Caiari-Uaupés até São Felipe, não havia algodão, mas Koch-Grünberg viu, tecidas de outras fibras, as redes onde dormiam seus amigos aruaques, Huhuteni, Siusi e Cáua.

Os indígenas americanos do Norte e mexicanos teciam excelentemente o algodão mas nem uma rede primitiva e quinhentista apareceu, estirando para o alto Norte a geografia do produto.

Na Venezuela, informa-me o professor Miguel Acosta Saignes, da Universidade Central (Caracas, 23 de outubro de 1957):

"El uso de la hamaca tradicionalmente ha sido propio de las tierras bajas, en Venezuela. Ha sido lecho de los llaneros, principalmente. Como pueblos pastores, necesitaban lecho portátil y ligero y nada mejor que la hamaca. Por eso pasó a ellos directamente de los indígenas. Muchos grupos indígenas continuam en Venezuela tejiendo estupendas hamacas, como los Guajiros, quienes elaboran distintos tipos. Entre ellos uno propio para los matrimonios.

Se distinguen en Venezuela las *hamacas* de los *chinchorros*. Con aquel nombre se conocen particularmente las de tela y *chinchorros* son denominados los que se tejen de fibras. Los Guajiros emplean el telar arawaco para su confección de hamacas. Los Guaraúnos tejen los chinchorros en una armazón horizontal. Los llaneros las tejen a veces en telares verticales y los chinchorros con tejido semejante al que emplean par los aparejos de pesca.

En las regiones llaneras la hamaca ha sido tradicionalmente el lecho normal. En los Estados no llaneros, se considera como un lecho auxiliar, propio para los épocas de calor y para la 'siesta'. En los últimos tiempos, con el auge de los productos folklóricos se ha extendido el uso a los sectores sociales altos y es posible verlas en los jardines de las residencias.

Un uso muy interesante es de la hamaca para transportar enfermos. Ha sido costumbre en Venezuela llevar a los heridos o a los enfermos graves, desde los campos a las ciudades en hamaca. Se acostumbraba y todavía es posible hallar esta práctica en sitios apartados de las comunicaciones carreteras, cubrir la hamaca donde se transportaba un herido o un enfermo, o un 'picado de culebra' con la 'cobija', especia de ruana de balleta, de dos colores. Si se llevaba a un herido, vivo, iba el color rojo afuera. Si el transportado estava muerto, quedaba hacia afuera la parte de color azul obscuro. Naturalmente, podía salir una caravana con un herido que moria en el camino. Entonces se volvia la cubierta convenientemente, al darse cuenta del fallecimiento.

Los más famosos chinchorros de Venezuela son los tejidos de la palma moriche,[1] muy ligeros y frescos y, además, muy flexibles.

---

1   Moriche é a palmeira *Mauritia flexuosa,* a Miriti no Brasil.

> La práctica de transportar a los enfermos o heridos en hamaca viene indudablemente de los indígenas. Ya la menciona Fernández de Oviedo."

O chileno Teobaldo Leivas Diaz deu-me em Natal (27 de agosto de 1957) uma informação sobre a existência de hamaca nos países por ele visitados:

> "Debido al clima frio, la hamaca en Chile es un artículo poco común, utilizandose casi exclusivamente en la región norte, donde el clima es realmente apropiado, eso es, templado y semitropical. Podemos apreciar su uso en las provincias de Antofagasta, Coquimbo y Copiapó. Pero realmente, son contadas las personas que hacen uso cotidiano de ella, pues, en general, solamente es usada para hacer la 'siesta', o sea el reposo después de almuerzo. Las hamacas conocidas en Chile, son hechas de un pedazo de lona multicolor, y llevan en cada uno de sus extremos un palo que sirve para darle tensión y mantenerla abierta. La Marina de Guerra en Chile posee en determinadas regiones, hamacas para sus marineros. En la capital, Santiago, existen algunas por mi conocidas, siendo principalmente en casa del Exm.º Sr. Freitas Valle, digníssimo embajador brasileño en Chile. Desde luego yo tambien poseo una, autenticamente brasileña, llevada en uno de mis viajes. A propósito de ello, recuerdo haber tenido que pagar derechos de aduana, por ser considerada artículo suntuario y no poder convencer al oficial de aduana que en Brasil es artículo de primera necesidad. En Argentina me recuerdo haberlas visto en las provincias de Santiago del Estero, Entre Rios y Misiones, en la frontera con Brasil. En Buenos Aires, nunca las vi, apezar de los inunmerables viajes hechos a esa metropole. En Bolivia, ni siquiera se puede imaginarse la existencia de tal artefacto. En Peru, solamente las vi en la ciudad de Tumbes casi en la frontera con Ecuador. En Ecuador es muy usada, habiendo una escepción con la ciudad de Quito, donde debido a la altura se hace penoso el uso de ella. En Colombia es muy usada, siendo la escepción su capital Bogotá, debido a su clima continental. Los dos lugares en que es más común son: Fusagasugá y las hermosas playas de Cartagena."

No Panamá os indígenas continuam usando a hamaca para dormir. Há inúmeros registros nas pesquisas de Henry Wassén ("Contributions to Cuna Ethnography", Etnografiska Museet, Göteborg, Suécia). Conseqüentemente, a população mestiça não lhe desconhece o deleitável emprego.

Não tenho notícias, afirmativas ou negativas, da hamaca na América Central. Creio, dedutivamente, na sua existência comum e antiga pela continuidade étnica e conseqüência etnográfica influencial.

No Uruguai e Paraguai sua presença é atestada pela informação do professor Paulo de Carvalho Neto (Montevidéu, 24 de agosto de 1957):

> "Aqui, em Montevidéu, ela é chamada *hamaca paraguaya*. Não é usada, não é corrente. No Paraguai é muitíssimo usada. No entanto é diferente da rede sergipana. Notei isso logo que ali cheguei. A diferença reside nos braços, pois em lugar de ter dois braços, tem quatro, isto é, cada um deles dividido pelo meio. Há outras variantes mais."

O escritor R. Jijena Sánches (Buenos Aires, 9 de setembro de 1957) fala-me da parte referente à Argentina:

"La hamaca de redes es conocida en la Argentina como 'hamaca paraguaya'. Su uso es escaso entre los criollos aunque abarca una amplia extensión: – Norte de Entre Rios, Corrientes, Missiones, Chaco y Formosa es decir, regiones de influencia guaranítica. Una hamaca pequeña tiene las funciones de cuna. Me informan que se construyen con fibras de karaguatá y con una liana llamada isipó."

O escritor José Felipe Costas Arguedas (Sucre, Bolívia, 4 de setembro de 1957) dá ampla notícia da rede de dormir boliviana:

"*Lugares de producción* (correspondem todos ellos al oriente boliviano). 1º Santa Cruz de La Sierra: Buenavista, El Palmar, Guarayos, Las Misiones de los padres franciscanos, etc. 2º Beni: San Ramón, San Joaquín, Magdalena, etc. 3º Pando: Sin referencia exacta de lugares, como en los anteriores departamentos, pelo hay hamacas pandinas.

Clases de Hamacas – Hay dos principales clases: a) de hilo de algodón; b) de *pereotó* o cierta clase de fibra vegetal con la que también se hace sogas.

Bibliografia – No la conocemos, esperamos conseguir algunos datos. Proximamente se publicará el trabajo titulado 'Planteamiento de nuestro arte popular' por José Felipe Costas Arguedas, en el que se alude a la hamaca al tratar de textileria.

Preparación del Material – Se hila el algodón y se lo pone en el telar rústico, bien tieso y combinando los colores.

Tecnologia – La hamaca se hace en un telar rústico, tal como ya adelantamos, el que consiste de dos palos convenientemente sujetos o fijados a la tierra por estacas y separados según la longitud de la hamaca. Para comenzar el tejido se inicia con un nudo corriente, luego se estira el hilo hasta alcanzar la longitud del 2º palo – con relación al 1º –, se le da vuelta por debajo para traerlo hasta em 1º palo y así sucesivamente se dispone todo el telar según el ancho que se desea darle. Una vez terminado el tejido se le pone unos torzales resistentes y después se le hace la *oreja* formando un definitivo punto de apoyo, lo que se hace mediante un pedazo de suela para que sea resistente.

Dimensiones de una hamaca corriente – Largo de 2 a 3 metros; ancho 1 metro o más; largo de lo que queda fuera de la *tela,* es decir los torzales y las *orejas* para fijarla a los dos puntos: 1/2 metro a cada lado del *fleco* o lo que sirve de guarda a la hamaca cuando la tiene: 20 centímetros aproximadamente.

Instrumientos usados para hacer la hamaca – los nombres corrientes en el oriente boliviano son: – *telar travesaño* que sirve para separar el tejido y hacer pasar el *huso,* ambos hechos de madera.

Usos que se dá a la hamaca – Para hacer la siesta, como cuna de los niños, para dormir la noche en lugares muy cálidos y para los viajes sustituyendo a la cama. En este último caso lleva la hamaca colocada en la montura de la caballería.

Manera de atar y lugares – Se ata generalmente entre dos árboles, entre dos postes y a dos argollas especialmente empotradas en las paredes de las habitaciones o los corredores.

>   *Noticia de su origen* – La hamaca en el oriente boliviano fué usada desde tiemplos immemoriales. No se pudo conseguir datos.
>   *Quienes hacen las hamacas?* – Hay personas profesionales en hacer este objeto tradicional, especialmente son mujeres del pueblo o *cambas* o *cuñas*, tratándose en suma de una industria familiar.
>   *Tiempo para fabricar una hamaca* – Depende de la habilidad de la tejedera, aproximadamente unos 15 dias.
>   *De donde se proven los materiales?* – Todos ellos son del mismo lugar.
>   *Su uso es de ciertas personas o de cierta clase social?* – La hamaca es de uso popular y corriente a todos los habitantes de los departamentos de Santa Cruz de la Sierra, Pando y Beni.
>   *Comercio popular* – La venta de la hamaca es directa, vale decir, entre el que la teje y el comprador, sin intermediarios.
>   *Literatura popular* – Hay un dicho sobre la hamaca que dice: 'Caido de la hamaca' que equivale a tonto, lelo, idiota, etc. El golpe de una caida de hamaca se le conceptúa siempre muy fuerte. El dicho es corriente en el oriente boliviano, cuya equivalencia en le ámbito cordillerano seria: 'Caido del catre' por bobo, tonto, lelo, idiota, etc."

O Professor Vicente T. Mendonza (México, 2 de setembro de 1957) registra a rede de dormir mexicana. É justamente zona de penetração possivelmente posterior à presença castelhana, mas sua notação evidencia adaptação como artesanato indígena ao correr do século XVII. Escreve-me o Professor Vicente T. Mendonza:

>   "... me pide noticias acerca de las hamacas, que se usan en México. Aunque no encuentro ninguna obra al respecto, pues el tema no ha sido estudiado formalmente, diré a usted por lo que a mí me consta, que: 'Se usan en ambas costas; oriental y occidental, las fabrican de ixtle, de henequén o de pita, las hay rectangulares con tablilla en ambos extremos a fin de mantenerla abierta; pero también sin más que las mallas anudadas en ambos extremos terminando en una sola cuerda para atarla a los troncos de árbol o dos suportes dentro de la casa. Es el mejor lecho para regiones tropicales por no calentarse. Se le coloca encima una estera gruesa para evitar los piquetes de los mosquitos y por la parte de arriba un mosquitero con idéntico fin. No tengo idea de la forma y manera de utilizar este. Durante la siesta se duerme en la hamaca recostado oblicuamente sobre ella, con las piernas colgando, pues a lo largo, corre uno el riesgo de quedar prisionero entre sus mallas. En la región pesquera de Oaxaca, San Dionisio o Santa Maria del Mar, se usa el chichorro circular para dormir. Como éste tiene una cuerda central ésta se sujeta a un extremo y la orilla del círculo se ata con otra cuerda y forma el extremo opuesto.
>   Recuerdo que la hamaca está citada en la obra de Rómulo Gallegos: 'Cantaclaro' y dice que los extremos de aquella en que dormia un negro estaban apretados de chinches. En Cuba una danza habanera contiene estos versos:

Tengo mi hamaca tendida
Debajo de un cafetal...

Hay hamacas de lujo tejidas de seda, de fabricación europea, con flecos y borlas de colores, se usan en los jardines de los potentados durante los meses del verano y se cuelgan bajo cobertizos. Los americanos, en inglés la citan con el nombre de *hamock*. Debe de haber datos en las novelas costumbristas latino-americanas. Es casi seguro que su uso queda limitado entre los dos trópicos."

Na hamaca dormiram conquistadores e missionários, aventureiros famintos e cruéis, os viajantes e naturalistas dos séculos XVIII e XIX. Não é sem um movimento de ternura que recordamos o grande Alexandre von Humboldt dormindo na sua hamaca, na selva do Alto Orenoco, em 1800, olhando as estrelas, medindo as águas, registrando o papagaio dos Aturés, a voz solitária que guardava o morto idioma da tribo desaparecida.

Os espanhóis começaram a devastar o interior, continental e insular, e com eles a indiada acompanhante, levando hamacas e que assim foram sendo popularizadas onde ninguém antes sabia de sua existência gostosa. Semelhantemente operaram os portugueses com seus aliados, as cunhãs carregando a rede, a ini inestimável, Brasil a dentro, subindo e descendo as regiões que olhamos embevecidos nos mapas coloridos.

Antes de outro balanço, desejava conversar sobre a rede nas doces ilhas dos mares do Sul, ó Hollywood!

Toneladas de fotografias e quilômetros de filmes têm banalizado até à triste náusea esses assuntos e visões bonitas. Um saxão displicente ou emocionado ouve a plangente canção de uma "nativa", vestida de "sarong", com os dedos numa violinha chamada "ukalele". O herói está estirado dentro de uma rede de malhas largas como para pegar cação. Tudo se passa à sombra oscilante de palmeiras. Fácil é demonstrar *"no filme que eu vi"* a procedência da rede, do ukalele, das palmeiras e da cantiga nostálgica do impossível amor.

Ilusão do Havaí e Taiti

No saudoso tempo do Rei Kamehameha IV, Honolulu não sabia o que era hamaca balançante nem ukalele e o mesmo ocorria no ex-fantástico Taiti da Rainha Pomaré IV. O ukalele, que é o "cavaquinho" brasileiro promovido, teve seus iniciais modelos feitos na Ilha da Madeira e foi espalhado pelos açorianos. O nome é local e o objeto português. A rede fez o seu decorativo vaivém nas três ou quatro últimas décadas do século XIX.

Não conheço, apesar de caçadas obstinadas, documentação de sua presença senão depois que o europeu e os norte-americanos desmancharam as dinastias tão localmente pitorescas do Taiti e do Havaí. *Nec quid nimis.*

Locais são a palmeira e, mais ou menos, a "nativa". Ukalele e rede são artigos de importação como o turista e o aparelho cinematográfico. Terão pouco mais de cem anos de aclimatação. Até prova expressa em contrário.

Rocei o assunto porque o cinema é um assombroso divulgador de pilhérias dogmáticas em matéria de História e Etnografia. E, como muito bem sabemos, vai constituindo meio aquisitivo de cultura para muita gente severamente letrada. Meia hora de exibição colorida varre das memórias um ano de aulas pacientes e clássicas. "Meninos, eu vi", dizia o velho Timbira do "Y Juca Pyrama". Agora repete-se o *eu vi* aludindo a outra fonte de informação, luminosa e cativante.

CAPÍTULO III

> *Les indigènes de l'Amérique du Sud tropicale ont inventé le hamac.*
> Robert Lowie, *Manuel d'Antropologie Culturelle.*

A Noite das Origens

Nos domínios etnográficos e mesmo da antropologia cultural, não é mais conveniente a indicação peremptória da origem de uma instituição, instrumento, costume ou objeto. As interdependências são imprevisíveis e complexas. Tornam-se mais difusas e vagas na proporção que investigamos as raízes. Tenho saudades do tempo em que era natural colocar-se um letreiro em cima de cada coisa, historiando-lhe o nascimento.

Quem estuda literatura oral conhece o mistério das procedências temáticas. Outrora dizia-se apenas: isto é negro, isto é indígena, isto é europeu. *Causa finita est.* Ninguém discutia quase. Ficava sendo. Grande tempo, bom tempo. Hoje não mais existe esta coragem heróica de afirmar. Há, naturalmente, quem afirme, mas não existe maioria para cumprir-lhe a sentença.

O problema mais sedutor é o povoamento do continente americano. De onde vieram os povos povoadores? Temos unicamente o caminho Noroeste da Sibéria, pulando a ponte alêutica ou pisando o gelo articulador do Estreito de Bering, entre Alaska e a Península de Chukchi? E os melanésios, polinésios e australianos, perturbando a tradição imutável e clássica, *hobby* do grave Hrdlicka, tão pacientemente defendidos por Paul Rivet? Os australianos, ou proto-australóides, encontraram fórmula acomodadora entre o velho e o novo conceito de emigração. Habitando o Suleste da Ásia, um povo dolicocéfalo dividiu-se e um dos grupos atingiu a Austrália e outro, derramando-se no litoral asiático, deparou a América pelo Estreito de Bering. E veio, para dar que fazer, deixar um crânio na Lagoa Santa, às mãos de Lund.

Com os melanésios foi relativamente fácil imobilizar-lhes o avanço, mostrando que não atingiram as ilhas orientais do Pacífico que serviriam de alpondras para as costas americanas.

Os polinésios estão resistindo. Eram navegadores assombrosos, *Vikings of the Sunrise,* os *vikings* do Levante, denominou-os Peter H. Buc, alcançando Nova Zelândia, Havaí, a Ilha da Páscoa, partindo de Fiji, num estirão de 6.400 quilômetros na solidão do Pacífico. Foram de Havaí ao Taiti, 3.700 quilômetros, bem podiam, com demoras e descansos, afrontar os 13.000 entre a Nova Guiné e as praias do Panamá, ancoradouro que a fama lhes entrega como próprio e legítimo. Além da relação das coincidências lingüísticas, arroladas por Paul Rivet, há o testemunho de "presenças" inexplicáveis e reais em ambos os lados, Polinésia e América, desafiando outra interpretação alheia ao conhecimento direto. Assim a batata (Rivet), a acha (Imbelloni), o algodão diplóide, o plátano, a cabaça "Lagenária", vieram da Aceânia, e a "Cucúrbita" (abóboras, e espécies), o algodão tetraplóide, a batata-doce, saíram da América para os fins do Pacífico (Sauer); teria vindo da Polinésia, via Nova Guiné, a técnica da jangada.

Mas há o eterno problema do tempo que angustia a possibilidade deslocadora destas viagens de milênios. Ou a indicação de viagens "históricas" desconcordantes com as épocas de permanência nas terras americanas. Prudentemente o registro é lógico, mas as conclusões devem esperar elementos mais expressivos e numerosos, fora de falsas analogias ou simultaneidades criadoras sem interdependência ou sugestão.

Apesar do dogma dos antropologistas norte-americanos pelo "caminho único" e "fonte única" do povoamento inicial, com subseqüentes mestiçagens sempre com as outras levas através de Bering (as Aleúticas não são muito defendidas como passagem), não parece dispensável a possibilidade de outros povos e de outras rotas que, visivelmente, deixaram vestígios na etnografia e tradição continentais.

Não estamos no momento de atinar-se com a origem e clara divisão das raças ameríndias que se fixaram no Brasil. Com o entusiasmo que a vibração de Paul Rivet e Canals Frau fundamentam, Tomás Pompeu Sobrinho traçou diagramas de percurso das cinco correntes povoadoras da América, no seu vivo e envolvente "Povoamento Pré-Colombiano do Nordeste Brasileiro" (Revista do Instituto do Ceará, t. LXVI, 1952).

Fora da terra ameraba não deparei a rede de dormir, exceto no registro de uma enciclopédia, a Treccani, indicando uma única área além do Novo Mundo onde, de fibra entrelaçada, existiria a hamaca. E foi justamente na Nova Guiné, na parte Sul-oriental, coincidente, mais ou menos, com a antiga Nova Guiné Alemã, com Negritos, Papuas e Malaios. Descobrimento do português Jorge de Menezes em 1526 e, posteriormente, o castelhano Ortiz rebatizou-a "Nueva Guinea", pela semelhança praieira com a Guiné africana.

Tear de fazer rede de dormir (Sorocaba — São Paulo). Casa do Bandeirante.
Cidade de São Paulo.
(Col. do Prof. Alceu Maynard Araújo.)

A informação seria relativamente recente porque não a encontrei nos relatos dos primeiros pesquisadores. Codrington ("Melanesian studies in Anthropology and Folk-lore", Londres, 1891), Hagen ("Unter den Papuas", Wiesbaden, 1899), Pratt ("Two years among New Guinea cannibals", Londres, 1906).

Problema da Nova Guiné

Cultural, antropológica, lingüisticamente os grupos que habitam a Nova Guiné diferenciam-se tenazmente. Os mesmos Papuas da Nova Guiné e das Ilhas Salomão afastam-se de qualquer unidade de cultura. Os povos do continente e península conservam elementos mais ou menos constantes. As populações pulverizadas na Polinésia, Micronésia, Melanésia jamais permitem esquemas de aproximação. Tanto mais a observação se aprofunda quanto proporcionalmente as dessemelhanças se definem. E ainda na Nova Guiné a população das montanhas do interior foi empurrada pela vinda de irmãos mais fortes e armados de aparelhagem mais eficiente e com conhecimentos de magia e ordem social maiores, fixados no litoral. Estes dois povos, galhos da mesma raiz, parecem tanto entre si quanto poder-se-ia dizer do Gê e Tupi-Guarani.

A rede teria sido registrada, naturalmente, entre povos litorâneos e são estes os do contato histórico com castelhanos e portugueses desde o século XVI. Não se propaga a hamaca para toda a costa insular e menos ainda para as ilhas próximas da mesma raça (Ilhas Salomão). Fica como um quisto misteriosamente morto ao nascer.

Sabemos que o português levou a rede para a *sua* Índia no século XVI e o inglês nos finais do XVIII. China, Japão, Coréia, tiveram a rede como transporte pela mão do português furamundo. Igualmente na África em que ela se acusa é terra pisada pelo português. Angola, Congo, Guiné.

Podia ter-se verificado criação autônoma sugerida pela natureza ambiental. Mas os 150 dias de chuva por ano e a própria natureza afastariam o uso da rede de dormir em expansão sensível.

Não temos documentação para dizer que a rede existisse na Nova Guiné senão no século XIX, convencionalmente e com maiores possibilidades já em décadas avançadas do XX. Pratt, já em 1906, não a menciona.

Curioso é que seu registro a fixe de lianas entrançadas, denunciando um processo inicial de fabricação. O essencial não é, porém, o local do nascimento, mas o de ter nascido.

Para complicar a explicação sabe-se que o conjunto de oportunidades não determina a irremissibilidade da criação. A existência funcional de todos os elementos não provoca o ato formado. A presença de todos os fatores estabelece a invenção numa e não noutra paragem, possuidora de igualíssimo ambiente ecológico. E ninguém pode fixar o movimento inicial que redundou num conhecimento "novo" e sua aplicação subseqüente, distinções que Ralph Linton fazia entre "descoberta" e "invenção".

Quando deparamos um desses resultados desnorteantes, a solução é largar momentaneamente o etnógrafo, arredar o antropologista, e lembrar Santa Teresa de Jesus que estava convencida, já em 1575, que *no es para mujeres, ni para hombres, muchas cosas*.

A invenção, *invenio, invenire,* vale achar, alcançar, obter, encontrar. Na África equatorial onde há floresta, insetos, calor e fibras vegetais torcíveis e trançáveis, não apareceu a rede de dormir, louvável e logicamente compatível e nem mesmo a divulgação ampla ocorreu pelo continente no correr e depois do século XVI. Faltou ao negro da selva ardente e úmida a misteriosa, insubstituível e decisiva ação motora, revelando da observação o fio da utilidade positiva. Porque aqui e não lá a rede de dormir nasceu (a rede de pescar era usada nos dois continentes) não pude, e muito professor meu não pôde, atinar motivo claro para conversa esclarecedora.

Mistério do sono

Lógico é que um certo povo andejo, inquieto, curioso, *wanderers and eluders* de Paul Radin, divulgaria a rede que melhorara pela fiação do algodão e não o dizem autor da façanha porque o Caraíba "deve" ser mais velho e com direitos ao padroado inventivo. Certo é que em dado momento o leito de folhas, de esteiras dentro de abrigos provisórios, não era mais uma solução em matéria de repouso. Naturalmente as condições sucessivas dos diversos deslocamentos migratórios tornaram dispensável ou insuportável a maneira habitual de dormir. Por que e como impôs-se a fórmula da hamaca, da rede de dormir? Deviam as aldeias ficar na orla das matas vestidas de cipós que valem por cabinhos de aço. A rede nasceria das lianas entrelaçadas. Sob que modelo? Na força sedutora de que sugestão? Por ora, *no es para mujeres, ni para hombres, muchas cosas,* Horatius.

Redes de pescar e de capturar pássaros? Havia ambas as espécies, mas as de pescarias eram diminutas, *puçás* (ainda conhecidas e usadas com o mesmo nome nas praias do Nordeste) que Gabriel Soares de Souza chamava *redinhas de mão,* espécies de gererés côncavos e um pouco maiores. As redes mais amplas foram de importação européia e a indiada, segundo Jean de Lery, batizou-a por "puçá-açu", rede grande. As redes de caça eram também pequeninas e destinadas às aves de porte reduzido (Gabriel Soares de Souza, Ivo d'Evreux). Teriam provindo delas as sugestões para a primitiva hamaca? *Highly improbable...* Lembro que chamamos no Nordeste "puçás" às redes infantis ou às pequenas, humildes e pensas.

Mas também não será de bom alvitre esta condenação peremptória, um fácil *not to be expected,* sem substanciais bases convencedoras. Puçá, puçá...

A idéia (poderá) ter nascido dos balanços lúdicos nas lianas da mata e ocasionais descansos gostosos num breve sentamento nos cipós curvos que laçavam árvores próximas. O puçá, redinha de pesca em águas rasas, pode ser anterior porque é meio aquisitivo de alimentos e sua busca fornece maior excitação inventiva aos processos de captação. Dormir por dormir, dormia-se em qualquer lugar com as garantias naturais contra dente de bicho e assalto de fantasma.

A resistência flexível dos cipós tropicais e a grade dos puçás dariam a soma imaginativa do leito suspenso, agora que estavam os indígenas em terras de mato, calor úmido, insetos famintos e abundância de materiais facilitadores para o fabrico.

Ainda não foi possível decidirem a origem do nome hamaca e como iremos nós farejar, de hipótese em hipótese, o nascimento longínquo do objeto? É uma questão de simpatia erudita oferecer ao Caraíba ou ao Aruaque as dignidades da invenção. Todos estiveram em terras com as mesmas condições físicas e a mesma flora para a técnica da feitura. O algodão estava, igualmente, ao alcance de uns e de outros.[1] Não discutimos que o Tupi-Guarani desenvolveu e divulgou a forma das redes fiadas em algodão, mas ninguém provará que eles desconheciam redes de cipós porque estas, com licença da palavra, todos os indígenas, ou a maioria deles, fazem e com facilidade.

A rede de "trinta fios", que Stradelli descreveu no Rio Negro, tanto seria de mão Caraíba como Aruaque. Quanto aos Tupi-Guarani o conheci-

---

1   Walter Krickeberg, "Etnologia de América", informa que os Taino (Aruaques da "Española", Taiti e Santo Domingos) tinham grandes plantações algodoeiras no Suleste do Haiti, Leste de Cuba e Jamaica. Os aruaques continentais teciam as hamacas de fibra de palmeira e os aruaques das ilhas usavam o algodão.

mento já é patrimônio no domínio das afirmativas incontestadas. Todos os etnógrafos balançam a cabeça, confirmando.

Não haverá mais possibilidade de alguém opinar pela época em que a rede passou de uns para outros... se é que houve transferência no mistério da difusão que se modificaria sensivelmente de raça a raça quanto ao material utilizado sem que se soubesse da origem isolada ou comum de quem iniciou seu fabrico.

O Lume aceso

Outro motivo de conversa será o lume aceso, inevitavelmente, junto às redes indígenas. Todos os cronistas do século XVI registraram o costume em qualquer ponto do Brasil colonial. O primeiro foi, coerentemente, Pero Vaz de Caminha. A explicação natural é que fogo combatia o frio das noites. E onde não há frio justificador da fogueirinha?

Por certo o indígena despido teria menor defesa noturna às baixas barométricas, especialmente nas madrugadas, o ainda hoje citado "frio da madrugada". Mas a estas horas, quase sempre, o fogo está meio extinto ou coberto de cinzas. Falo das fogueiras individuais ou de pequenos grupos. Quem viajou e acampou ao ar livre sabe muito bem da obrigação de deixar a rede e ativar o lume na madrugada, quando "o frio aperta".

A fogueira era uma para cada indígena no interior da comprida residência fechada de folhas. A irradiação dos corpos espalhava calor. As fogueirinhas enchiam o ambiente de fumaça, espantando mosquitos. O indígena, dentro da rede, nu, estava sem armas, e mesmo sem armas próximas. Bem diferente do seu antepassado que dormia com elas agarradas à mão ou roçando a pele.

Haberlandt insiste na importância da "posição" no sono, parecendo existir uma certa relação entre a atitude do homem adormecido e outras manifestações da vida cotidiana. O sono exigiria, com relevante intensidade, uma defesa permanente durante o estado de torpor em que o homem atravessa, inerme e inerte, pela noite misteriosa. Haberlandt recorda justamente a posição protetora tomada inicialmente pelos primitivos, prolongados qualitativamente nos selvagens, enquanto dormiam, oferecendo a menor superfície à possibilidade de um ataque imprevisto.

O fogo estaria ali na dupla significação de aliado divino. Garantia de uma estabilidade de relativo conforto na temperatura e vigilância, representação positiva de um elemento defensivo de alto poder mágico contra inimigos invisíveis e poderosos. Penso ser um grave erro afastar a possibilidade do elemento mágico em qualquer ajuntamento humano. Outrora sabiam e hoje já não sabem, mas o elemento continua incorporado ao seu patrimônio, bagagem, tradição, costume. O fogo, imagem viva do sol, estava presente na fogueira.

O homem fazia (e faz) a fogueira para afastar as feras enquanto dura o seu estado de sono. E também aquecer-se. Mas os nossos indígenas que dormiam dentro das grandes casas de ramagens, fechadas e algumas defendidas com paliçadas (caiçaras) não podiam esperar que as onças fossem arrancá-los à tepidez das inis macias. O fogo, em qualquer lugar deste mundo, afugenta os animais de preia. Assim Mowgli venceu os tigres reais e os lobos rebeldes no "Jungle Book". Não é o calor, mas a luz resplandecente, ofuscadora, indecifrável, que anuncia a força irresistível.

Escrevendo ao seu antigo mestre em Coimbra, doutor Navarro, o padre Manuel da Nóbrega, em 10 de agosto de 1549, noticiava:

> "Têm grande noção do Demônio e têm dele grande pavor e o encontram de noite, e por esta causa saem com um tição, e isto é o seu defensivo."

E ainda na Carta do Brasil no mesmo 1549 informava que o uso do fogo é

> "por amor do frio, porque andam nus, como também pelos Demônios que dizem fugir do fogo. Pela qual causa trazem tições de noite quando vão fora".

A catequese quinhentista não podia prever um ordenamento pontifício como a Carta Encíclica "Evangelii Praecones" do Papa Pio XII (2 de junho de 1951). Pouco a pouco as vozes explicadoras dos indígenas foram silenciando e o registro europeu encontrou unicamente a sua própria lógica, a mecânica do raciocínio, da cultura, da psicologia européia, para dizer o que significava um objeto, uma tradição, um hábito. Muito raramente deparamos a confidência indígena e, mesmo na sua tímida elucidação, há tanto disfarce receioso, tanta simulação prudente, que não podemos apurar, quatrocentos anos depois, o que seria realmente o espírito do ato reverenciador ou mantenedor do costume.

Esse tição agitado no ar pela mão medrosa do indígena, caminhando no escurão tropical, teria um conteúdo mágico de que jamais saberemos extensão e poder. Para muito etnógrafo o cuidado máximo é a fidelidade registradora do pormenor, do aspecto parcial sedutor à sua simpatia pessoal. Como num acesso de agnósia, perdeu o conhecimento do conjunto e da essência íntima, identificando, matematicamente, os componentes.

A rede evidencia uma fase avançada no uso e conhecimento das proteções naturais. O fogo permanente e vigilante era uma assistência divina. A rede estava distanciada do solo, fora do alcance de certos insetos hematófagos e das aranhas, escorpiões e serpentes, e o balanço, que o próprio peso do corpo determina, facilitava a vinda suave da sonolência retemperadora. Foi o primeiro leito transportável. Armada no interior de casebres, choupanas, cabanas alongadas, a rede fica ao lado das muitas usadas pelos mesmos moradores. E o fogo, insubstituível e inevitável, não apenas seria a garantia de uma proteção contra a friagem (bem pouca nas regiões do Nordeste brasileiro) como significaria uma vigilância noturna contra feras e fantasmas que o temem. Se pensarmos no clima da Bahia ao Pará, especialmente no interior nordestino, teremos no uso da pequenina fogueira menos uma fonte calorífera que uma sentinela afugentadora dos seres terríveis que andam à noite.

No alto sertão do Rio Grande do Norte ainda alcancei o uso do fogo protetor, o fogo-companheiro, irradiador de coragem. As mulheres, moças, crianças saindo à noite conduziam, fatalmente, um tição aceso e o levavam agitando-o no ar, como que para produzir chamas. Não era unicamente um meio de iluminar o caminho, embora parcial e vagamente, mas para afugentar animais e mesmo entidades maléficas, incapazes de suportar a visão luminosa. Muita ciência já se havia diluído e não davam explicação maior do uso, exceto o conselho breve e sentencioso: *é bom...* O tição defensivo já fora notado pelo padre Manuel da Nóbrega em agosto de 1549.

As primeiras redes foram feitas de cipós, lianas trançadas, com malhas amplas, como ainda existem, com acabamento sumário e nenhum sentido decorativo no plano utilitário.

A festiva abundância dos cipós e lianas sarmentosas e trepadoras, independendo do diâmetro a resistência surpreendente, sugeriu o uso de sua aplicação para a inicial construção de pontes pênseis, de pontos de apoio suspensos, atravessando largos trechos da mata pendurando-se nas finas cordas que suportam pesos consideráveis e mesmo, aproveitando a amplitude da oscilação, saltando duma para outra parte, seguro à extremidade de um cipó, aparentemente frágil.

P. Vidal de La Blache, logicamente, responsabilizou a liana pela origem da rede, da hamaca dos Caraíbas e Aruaques:

> "Les entrelacements de lianes qui permettent à certains hôtes de la fôret de circuler sans toucher terre, devinrent entre las mains des hommes ces ponts végétaux qu'on trouve en usage depuis l'Afrique occidentale jusqu'à la Mélanésie: les indigénes d'Amazonie en prient modéle pour les hamacs, qui semblent avoir leur origine chez eux."

As embiras, fibras liberianas, viriam depois porque exigiam técnica mais demorada e cuidado mais minucioso. Assim os tecidos das palmeiras marcariam uma segunda fase. O uso do algodão (comum no continente pré-colombiano) indica prática de plantio e operações de preparo subseqüente incompatíveis com um simples trançado inicial dos cipós. Creio que as hamacas e inis de algodão formam as últimas conquistas no terreno do aperfeiçoamento e os Tupis formaram entre os levitas dessa missão divulgadora.

Diga-se logo que as redes de tipos e feituras mais primitivos continuavam contemporâneas aos modelos recentes e bem acabados. Ainda hoje há redes de feitios incontáveis e algumas enfeitadas e bordadas de penas (Rio Negro, por exemplo), redes de fio-de-linha ou seda (Piauí), com desenhos geométricos, representando fauna e flora no estilo do "Crochet" e mesmo, pela sugestão do relevo, o processo doméstico do "Labirinto" (Ceará, Piauí, Maranhão). Ao lado produzem e circulam rudimentares redes de tucum, croá, carrapixo, mais lembrando tarrafa de pescar que objeto de descanso.

No século XVI as redes antigas e recentes eram, como atualmente, todas usadas e comumente feitas. Havia mercado para todas talqualmente nos nossos dias. Fácil é cotejar as redes das gravuras de Hans Staden e Jean de Lery, de tecedura semicompacta, com a grade vegetal de fibras rudemente entrelaçadas que documenta a alegoria de Stradanus (1580) "Vespúcio descobridor da América". É a distância entre um minueto e o rock-and-roll.

O estudo de um modelo isolado, ou de séries semelhantes, não poderá caracterizar o conhecimento total da técnica na espécie.

Kisáua e ini

O conde Ermano de Stradelli (Borgotaro, Piacenza, Itália, 1852, Umirizal, perto de Manaus, 1926) ainda pôde registrar o trabalho da feitura de uma rede, uma *kisáua*. Pelo nome devia tê-la observado entre Tupis, mas no Rio Negro a população aborígine mais densa é de Aruaques e Tucanos. De qualquer forma a *kisáua* registrada servirá de notícia geral.

> "*Kisáua* – Rede de dormir, que no Rio Negro chamam trinta fios ou de travessa. É formada de um número variável de fios dispostos ao comprido, para fazer punho, e unidos transversalmente por sete ou oito travessões, distantes um do outro mais ou menos um palmo, que formam como que malha. É a rede de viagem, geralmente feita de miriti e que todo e qualquer tapuio sabe fazer e pode fazer sempre que queira sem precisar de tear, espola ou agulha. Basta um bom novelo de fio e dois paus para conservar esticados os fios, passados neles, como se se quisesse fazer uma meada. Posto o número de fios convenientes, se prendem com as travessas por meio de nós de trança. Feito isso, passa-se uma corda no lugar onde estão os paus, e ao desarmá-la se tem já a rede pronta para servir, e com as cordas nos punhos para suspendê-la onde se quiser."

Jean de Lery descreve o trabalho com o algodão e a feitura das inis pelas mulheres tupinambás:

> "... quero descrever aqui o método observado pelas mulheres na fiação do algodão. Igualmente direi como com ele fazem cordões e sobretudo redes. Depois de tirar o algodão dos capulhos, estendem-no com os dedos sem o cardar e o amontoam no chão ou sobre qualquer objeto; como não usam rocas semelhantes às européias prendem os fios à parte mais comprida de um pau redondo (fuso) da grossura de um dedo e de um pé de comprimento mais ou menos, com uma espécie de pino de madeira da mesma grossura colocado de través; rolam depois esse pau sobre as coxas e torcem, soltando-o da mão como fazem as fiandeiras com as maçarocas, e o volteiam no meio da casa ou em qualquer outro lugar, obtendo-se desse modo não só fios grosseiros para rede mas também delgadíssimos e bem trabalhados. Trouxe eu para a França certa porção desse fio, de tão boa qualidade que a todos parecia de seda o gibão branco que mandei fazer com ele. Para a fabricação das redes, a que os selvagens chamam *inis,* usam as mulheres teares de madeira, que não são horizontais nem tão complicados quanto os dos nossos tecelões, mas perpendiculares e da altura delas; depois de as urdirem a seu modo tecem as redes a começar pela parte inferior do tear. Certas redes são feitas à maneira de rendas ou de redes de pescar, outras têm as malhas cerradas como o brim grosso. Têm elas em geral quatro, cinco ou seis pés de comprimento por uma braça mais ou menos de largura; trazem nas pontas argolas por onde passam as cordas com que os selvagens as amarram a dois postes fronteiros, expressamente fincados no chão para esse fim. E carregam os selvagens consigo essas redes tanto nas guerras como nas caçadas ou pescarias à beira-mar ou aos rios, suspendendo-as aos troncos das árvores para dormirem. Quando sujas pela fumaça dos fogos que acendem dentro de suas casas, ou por qualquer outro motivo, colhem as mulheres americanas certo fruto silvestre semelhante a uma abóbora, porém muito mais volumoso; cortam-no em pedaços, esmagam-no dentro d'água em qualquer vasilha de barro e batem-no com pauzinhos; assim se forma grande quantidade de espuma que lhes serve de sabão e que deixa

as redes alvas como neve. Que tais redes são cômodas, dirão todos os que as experimentaram, principalmente no verão. E não foi sem razão que na minha história de Sancerre eu as preconizei para os soldados da guarda, porque são muito melhores de que os enxergões nos quais sujam a roupa, se enchem de piolhos e de onde se erguem com as costelas magoadas pelas armas que trazem sempre à cinta. Com efeito adotamos esse tipo de rede em Sancerre, fazendo-as com os nossos lençóis, durante todo o cerco que durou quase um ano."

O cerco é de 1573.

Frei André Thevet no "Singularités de la France Antarctique" (Paris, 1557) não se dignou menção maior das redes tupinambás. Sua estada no Rio de Janeiro fora de novembro de 1555 a janeiro de 1556 (da "Singularités" há versão brasileira de Estevão Pinto, Brasiliana – 229, São Paulo, 1944), mas há umas linhas claras no "La Cosmographie Universelle" (tomo II, Liv. XXI, Cap. IX, pág. 929-verso, Paris, 1575) onde se lê:

"... en une logge il y a plusiers mesnages, chacun se contentant d'avoir pour lui et sa famille l'espace de trois brasses de long et en chacun cartier et mesnage, vous voyez leurs licts de cotton pendus et attachés à de gros pilliers forts et puissants, faits en quarreure de bois plantés en terre. Or ont-ils du cotton en abondance, lequel croit en un petit arbrisseau de la hauteur d'un homme, à la semblance de gros boutons qui sont comme glands, differents toutefois à ceux de Chipre ou de ceux qui croissent au pays de Syrie. Ces licts ne son pas plus espais que nos drap et linceux et là ils se couchent tout ainsi vestu, que ils vont le long de la journée et appellent le lict INY ou AMY et le cotton de quoi il se fait, MANIGOT".

Nesta página há gravura com uma rede, recurva, na "oca" indígena.

O registro de Thevet evidencia que a rede não era até então conhecida na França porque o frade não a compara com os modelos domésticos existentes no seu país no caso de que existissem. Por isso o redator anônimo da "Fête Brasilienne" e Montaigne não a denominam.

Não havia, naturalmente, uniformidade e os tipos seriam, como são, incontáveis, todos trabalhados e usados pela indiada.

Um tipo que veio aos nossos dias é a *maquira,* como a chamam no Amazonas e em 1817 era nome corrente em São Paulo e Minas Gerais onde as faziam, segundo Von Martius, dizendo-as *maqueiras,* sinônimo de "redes tecidas".

Stradelli descreve como

"rede de dormir batida ao tear. No Rio Negro são feitas de miriti, de tucum e de carauá, sendo que estas últimas são as mais finas e duradouras".

Um pequenino vocabulário mostra o uso da maquira entre indígenas e mestiços que ainda falavam o nhengatu.

Makyra embyua – varanda de rede, geralmente feita do mesmo fio da rede; mas há também enfeitadas com penas de pássaros.

Makyra epy – Punho da rede, onde se passa a corda para amarrá-la.

Makyra pitasóca – Os esteios onde se amarra a rede, mas podem também ser os ganchos ou os anéis destinados ao mesmo ofício. Lit. Sustento da rede, ou melhor, sustém a rede.

Makyra tupaxáma – A corda da rede, que, passada nos punhos, serve para suspendê-la.

São depoimentos com meio século de convivência local.

O nome velho da rede entre os Tupis quinhentistas e seiscentistas não era *maquira* nem *quisáua* mas ini, inin (Jean de Lery, Abbeville, Staden, Thevet, Nieuhof, Marcgrav).

Batista Caetano, anotando Montoya, explicou: "Ini", maca (y,o) o lugar de se estar assente; parece que também significa "linha", "fio", donde *iniya* ou *indaya* coco, isto é, fruto de fios, ou fibras. Em vista de outras comp. parece que I simplesmente já designa "fio".

No mesmo vocabulário encontro: "In-I, v. intr. estar, estar sentado, assente; pousado."

E ainda: "I: v. intr. estar, ser deitado, pousado, etc."

Os Cariris chamavam à sua rede Pité. Batista Caetano, anotando a "Arte de Gramática da língua brasílica da Nação Kiriri", do padre Luis Vincencio Mamiani (1699), ensina:

> "Pité, rede (k). derivado do verbo *pi* estar, com a pospositiva *té* apresenta uma formação análoga a *kebáb* de *ké*, dormir, a *tupáb* de *túb*, estar, jazer, a *ini*, de *i* estar deitado, e *kébáb* (lugar em que se dorme), *tupáb* (lugar em que se está sentado), *ini* (aquilo em que se dorme), todos três também significam *rede*. Pelo som o vocábulo (k) aproxima-se de *pytá* (lg) ficar, pousar."

Assim, ini é aquilo em que se dorme...

Foi uma ini que os olhos europeus de Pero Vaz de Caminha viram, em 27 de abril de 1500, numa maloca de Tupiniquim no Porto Seguro.

CAPÍTULO IV

> *Respecto a lo que es evidente por sí mismo, debemos indicar que no hay nada más engañoso que la observación directa.*
>
> A. L. Kroeber, *Antropología General*.

Necessidade Lírica

Uma condição essencial para antropologistas e etnógrafos é ser um bom poeta. Mesmo que não faça versos. Sem a poesia os seus trabalhos perdem, no plano da comunicação fiel e positiva, a graça verídica, a possibilidade justa, a idéia da vida, valendo, pela glacial explanação verídica, relatório de autópsia. Jamais darão, fora dos iniciados sonolentos que, em última análise renunciaram ao direito natural da vibração e do entusiasmo, nada mais do que um frio parecer de comissão de tomada de contas em balanço de banco de crédito hipotecário. Não me digam que a Ciência é nua e despida de ornatos e galanterias porque a Deusa Minerva, que devia entender dela, despojando-se das vestes alguma vez o fez para disputar um concurso de beleza.

Nem a cultura nem a verdade se afastam do encanto humaníssimo no processo da comunicabilidade. E dizia José Enrique Rodó, zangado e certo...

> "creed que aquellos que os digan que la Verdad debe presentarse en apariencias adustas y severas, son amigos traidores de la Verdad".

Um antropologista como sir Arthur Keith defende a tese de que a Antropologia científica depende do olho do verdadeiro artista quando se trata de reconhecer e classificar os tipos raciais. Comentando a frase, o professor Pablo Martinez del Rio declara:

> "Consuela ver que en este mundo de hoy, tan propenso a quemar todo su incienso en los sobrios altares de la estatística, un hombre, de la experiencia y capacidad científica de Keith haya adoptado una actitud tan francamente favorable hacia los juicios de carácter subjetivo."

Apesar de inimigos de predomínios de "classes", os sábios, ou a maioria deles, guardam, na explicação majestosa e na secura desoladora do comunicado, a legítima-defesa do clã. Nada pode existir de mais humano e sugestivo que a Arqueologia, a Pré-História, a Antropologia, a Etnologia, a Geologia. Evocam fases da vida telúrica da Terra, ausência ou vestígios do homem na indecisão negaciante das provas. Sinais de sua passagem, caçando, lutando contra cavalos, elefantes, bisontes, megatérios. Alimentando-se. Desenhando. Vemos sua habitação. Sua arte primitiva, tão próxima à ultramoderna que é outro princípio no ciclo da sensibilidade, que se esgotou na percepção das formas sucessivas. Esqueletos de crianças. Jogos de osso e barro. Armas de arremesso. Restos da refeição, consumida há milênios. Uma ponta de sílex no dorso do animal, atacado na fúria cinegética. Um local onde a caça foi assada e comida. Mil outros elementos são trazidos, faiscando de interesse vivo, em mãos apaixonadas, mas convencionalmente geladas ao entregar-nos as maravilhas que o Tempo revelou. Interesse científico! Não há interesse científico afora o entendimento, a curiosidade, a graça perceptiva do Homem. A Ciência não existe fora da valorização humana. Inútil esta Ciência lenta e pesada como um dinossauro, cinqüenta toneladas de material coletado e quinhentas gramas de graça intelectual útil. Parece inevitável a necessidade do técnico, do *expert,* o especialista, largar um tanto a especialidade, duas horas por mês, e ler poetas e escritores que os levem às alegrias da Natureza, normal e próxima. Com as exceções conhecidas, esses reveladores do passado estão, pouco a pouco, falando a linguagem do papagaio dos Aturés. Só ele mesmo entende...

Dormir

Assim, certos pormenores da vida dos "primitivos" do neolítico e dos "primitivos contemporâneos", que são os indígenas, deviam merecer atenção semelhante aos cuidados clássicos pela medição dos crânios, dados tão fixos e típicos para uma caracterização humana, quanto a vida real e no plano ecológico, quanto o ritmo respiratório ou o regime da eliminação dos resíduos. O sono, por exemplo, não é para o "selvagem", e seus sobreviventes no campo e na cidade dos arranha-céus, o ato de dormir.

Não significa apenas para eles o repouso, o processo renovador das energias físicas, a descarga das toxinas criadas na batalha cotidiana, mas uma fase de imperativo mágico, de ação perigosa e difícil.

Kuikúro na rede, soprando a frauta de Pã.
(Os Kuikúro vivem à margem esquerda do Kuluene, a jusante da tribo Kalapago, próximo à confluência com o Kulisêvu, formadores do Xingu, norte do Estado de Mato Grosso. Pertencem ao grupo lingüístico Caraíba.)
(Gentileza do Serviço de Proteção aos índios.)

Dormir é viajar. Fica o corpo abandonado à sua imobilidade trágica, passível a qualquer inimigo e sem a defesa da matilha dos sentidos que desertaram também. O "espírito" animador dos movimentos desapareceu e como não pode morrer, jornadeia para longe, vendo paisagem e cenas, irrecordáveis ao despertar. A posição do corpo, dos braços e da cabeça, anunciam sistemas preventivos de afastamento das forças adversas e dos males invisíveis, somente anunciáveis pelo vago diagnóstico dos sonhos.

Quando alguém dorme, ainda hoje nos sertões do nordeste brasileiro, não pode ter a face desfigurada pelos desenhos caricatos em estilo carnavalesco ou de máscara ameríndia. A "alma", voltando, pode não reconhecer sua morada e afastar-se de vez, matando o dormente. Nem as mãos devem estar postas, ou os braços em cruz. São símbolos do "fechamento", da porta cerrada. A "alma" recuará para sempre. Nem devemos despertar alguém bruscamente porque o "espírito" que em nós vive talvez não tenha o tempo preciso para reocupar o ninho. Há orações da noite, de caráter popular, em que se pede a proteção divina para a alma que passeia enquanto o corpo dorme, inofensivo. A cabeça estará sempre em situação não coincidente com a porta principal da casa, por onde saem os enterros. Noutras regiões os pés é que ficam ao inverso da saída. Ficando na mesma direção "estão levando o dono para o cemitério". Somente os leitos fúnebres em Roma tinham os pés voltados para a porta.

De quando nasceram estas formas defensivas da alma exterior e viajante noturna? No Paleolítico deparamos os bastões de mando, valendo uma hierarquia social que exigia signos visíveis de autoridade; copos feitos com crânios, bebidas votivas ou troféus; máscaras, tributos oblacionais aos entes que governavam as peças de caça e pesca, indispensáveis à vida; e também há enterros onde os cadáveres são pintados de vermelho e ainda, numa segunda fórmula religiosa, pintados da mesma cor os ossos. E enterros com oferendas no sepulcro, denúncia de que o defunto precisará delas em sua viagem para o outro mundo ignorado, mas cheio de lutas e óbices que as ofertas ajudarão a vencer. São reforços materiais à resistência do morto.

Desgraçadamente o trombudo macacão de Neandertal e os avós de Cro-Magnon não fizeram confidências esclarecedoras. Mas os "restos" dizem alguma coisa sobre o seu entendimento. Mas é indispensável que o poeta olhe, pela pupila serena do pesquisador, o "achado" e compare, no tempo, a obstinação do mesmo sentimento que determinou o sepultamento com oferendas e os ossos pintados de vermelho, sangue que é vida e fogo, que é defesa.

Ainda hoje oramos antes de adormecer como numa despedida. Voltaremos a ver a luz do sol? Reacordaremos? O sono devia ser um mistério para os nossos longínquos avós e sua inevitável observação, sono e despertar, trouxe a imagem salvadora da ressurreição.

Aves, peixes, quadrúpedes, todos os animais abatidos pareciam renovar-se na imutabilidade da forma e da cor de penas, pêlos, couro. Árvore sem folhas recobriam-se do verde úmido. A lua aparecia com seu parêntese luminoso e alcançava a circunferência resplandecente, diminuindo, apagando-se, sumindo-se no céu escuro, num regresso às posições anteriores. O sol nascia e morria, voltando na manhã ao domínio radioso. Nas cavernas o homem sentia o lento entorpecer sonolento, perdendo contato com todo o mundo circunjacente e vivo. Não podia calcular o tempo em que ficara imóvel e distante sem deixar o lugar. Bruscamente chegava do país estranho e sem contorno em que estivera, sem lembrança das visões obscuras e assombrosas.

Não falo do sonho, de alucinante projeção, mas simplesmente no sono, a viagem diária dos sentidos, fora da vontade humana.

Despertos, a impressão é realmente de um regresso e é preciso um tempo rápido para o reajustamento à conduta normal. Durante alguns segundos somos como crianças indecisas ante a variedade dos apelos da vida cotidiana. Depois, decidimo-nos e o ritmo readquire sua freqüência banal.

As compensações do sono ("Quem dorme, janta", "Sono é juízo", "Antes de julgar, bote uma noite no meio") alcançavam a decisão moral ("Considerar", de *cum sidus, sideris,* com os astros da noite) aguardando sua influência em que a Noite era denominada Benfazeja (Eufronê) e Mãe do Bom Conselho (Eubulia). Para este resultado, era preciso dormir.

Toda antiguidade clássica deixou a lembrança de leitos rústicos ou suntuosos, recamados de placas de ouro e prata, de pedras preciosas. O transporte urbano e mesmo viajeiro adaptou o leito às "lecticas", "basternas", "sellas gestatórias", com o ocupante deitado nas primeiras e sentado nas últimas, conduzidas por escravos ou animais de passo vagaroso e cômodo. As liteiras, filhas das "lecticas" romanas, ainda resistiram aos três primeiros lustros do século XX, no sertão nordestino. Em 1912 minha mãe viajou numa liteira, de Mossoró, no Rio Grande do Norte, a Sousa, na Paraíba. Recordo-me perfeitamente da liteira, com suas cortinas de lona, os rijos varais sustentados por duas mulas sonolentas e de confiança. Minha mãe, sertaneja habituada às jornadas, a cavalo cavalgando o silhão com o pequenino estribo ornamental onde pousava a ponta do pé, semioculto pela grande montaria cinzenta, reclamava que a liteira a fazia dormir e não a deixava ver a paisagem atravessada. Era bem um índice do ciumento cuidado dos velhos sertanejos, afastando as mulheres dos olhares da tentação, viajando-as como que prisioneiras nas viaturas milenárias e prediletas, longe das vistas alheias, guardadas pelos escravos com bacamartes infalíveis.

A imagem da Morte no Sono e as alegrias vitais do despertar deram ao túmulo a forma de leito e mesmo, há mais de vinte e cinco séculos, as extremidades iguais para a libertação do movimento recuperador da existência no momento da ressurreição. Os leitos têm o mesmo formato, semelhantes para os pés e para a cabeça e apenas os mais antigos, arcaicos, a posição, de uns e outros, estão marcados com maior e menor elevação.

Quando o turista visita as grutas pré-históricas a emoção imediata é de certa atualidade. As pedras escuras, os lugares onde as reservas eram guardadas fora do alcance da curiosidade infantil e do faro animal, as armas incompletas, raspadores, atritadores, martelos, furadores, estiletes, uniformes, brutos, mas visivelmente úteis e coerentes, dão uma idéia de vida contemporânea, esboço de técnica, como alguém experimentando fazer objetos indispensáveis e sem aparelhagem lógica. O vestígio humano é de assombrosa identidade.

Curiosamente não há presença de qualquer trabalho para um conforto noturno. Primitivos dormem no solo, o solo nu e depois coberto de folhagem. Numa fase superior de caçadores, há peles de animais, as peles felpudas, reservadoras de calor e acampamento de sevandijas. O clima empurrava-os para o lume sempre aceso pela dificuldade de obtê-lo quando extinto. As peles rodeavam o centro irradiante do calor e eram de fácil remoção nas horas diurnas. Toda antiguidade teve o chão como o estrado para o sono. Depois vieram leitos de terra batida e cozida, madeira, metais, baixos e a seguir medianos e altos, subindo-se com escabelos e escadas, tentativas para impedir a umidade ascendente e o assalto dos insetos, dispensáveis convivas hematófagos.

Qualquer museu, enciclopédia bem informada, mostram a história dos leitos em quase todos os quadrantes da terra.

Um leito suspenso não aparece em paragem alguma deste mundo velho antes que Cristóvão Colombo pisasse areia de Guananaí e Pedro Álvares Cabral a praia brasileira de Porto Seguro.

Uma assertiva que vai passando em julgado afirma que a rede nasceu na floresta tropical. O indígena criou a rede para afastar-se dos insetos e diminuir a temperatura abafada e morna da mata esmagadora. Curioso é que os Pigmeus do Congo e os Negros da República do Gandá, gente de floresta e jângal bem densas, com sessenta polegadas d'água pluvial caídas por ano, dormisse no chão, em plataformas de terra socada, recobertas de peles ou telas de cascas. É, diga-se de passagem, zona de conforto dominador para escorpiões, formigas, aranhas. As razões determinantes do nascimento da rede sul-americana foram negativas para seu aparecimento no continente africano, nas manchas equatoriais.

É aí que Montaigne podia aplicar o seu *L'eloquence faict injure aux choses*.

A rede não nos veio d'África porque lá é o reino dos estrados, esteiras, grabatos, plataformas, camas rasteiras de couro de búfalo ou de antílope. Nunca viram rede antes que as conduzissem espanhóis e portugueses.

Não a tivemos da Oceânia, Polinésia, Micronésia, ilhas miúdas e sedutoras dos mares do sul. As "ondas" protomalaias que dizem aportar, pelo Pacífico, nas alturas do Panamá e vizinhanças, de sete e seis milênios, não sabiam da existência da rede e não podiam ser as divulgadoras nas áreas penetradas d'América.

Erland Nordenskiöld ("Origin of the Indian Civilization in South America") nos famosos quadros comparativos ("Table II: – Oceanic culture-elements in South America") exclui a rede. Não era possível sua ausência na relação se os olhos argutos de Nordenskiöld enxergassem um *hammock*, por mais rudimentar e simples que fosse, na multidão do material examinado, analisado, escolhido para o confronto. Não o registrou porque não o viu. E não o viu porque não existia nem jamais existiu, documentadamente. Na espécie, não seriam críveis engano, omissão, esquecimento, no magnífico sistematizador de Göteborg.

A rede de dormir nasceria no continente americano.

JORNADA ETNOGRÁFICA

No mobiliário asiático a cama não é uma constante. Índia, China, Japão, foram centros irradiantes das esteiras fofas, os "tatamis", alcatifando as residências ricas e pobres e sobre essas espécies de tapetes o asiático nascia, vivia, alimentava-se, dormia e morria. A esteira espessa e macia é que constituiu, e constitui funcionalmente, a "constante" para esses povos.

E para apoiar a cabeça no sono, cepos, tamboretes, banquinhos.

A rede não lhes deveu vida e propagação.

Há uma contraprova de caráter geral. George Peter Murdock, professor na Universidade de Yale, publicou em 1934 o seu os "Nuestros contemporáneos primitivos" (versão espanhola de Teodoro Ortiz, México, 1945). Escolheu dezoito tribos para uma visão nítida das diversas instituições sociais fundamentais. Anotei nestes dezoito povos o uso do leito. E o quadro subseqüente evidencia que apenas os Witotos, do noroeste do Amazonas, conhecem e usam "hamacas".

Tasmañianos: dormem no solo. (Oceânia)

Aranda (centro da Austrália): dormem no solo.

Samoanos (Polinésia): dormem em esteiras no solo.

Semangs (Península Malaia): em esteiras.

Todas (sul da Índia): plataformas pouco elevadas, cobertas de excremento seco de búfalos.

Kasacos (Ásia Central. República soviética de Kazakstan): dormem sobre peles ou em tapetes de feltro.

Ainos (norte do Japão): plataformas estreitas.

Esquimó: plataformas sob peles de urso e musgo seco.

Haidas (Colômbia Britânica): plataformas elevadas, de tábuas, cobertas de esteiras e de peles.

Corvos (planícies do oeste norte-americano): peles no solo.

Iroqueses (norte do Estado de Nova York): plataformas, cobertas de cascas.

Hopis (Arizona): mantas, peles no solo.

Aztecas (México): camas de terra ou de madeira, cobertas com juncos, esteiras, peles, mantas ou colchas de tecidos.

Incas (Peru): peles, esteiras, tecidos grossos.

Witotos (noroeste do Amazonas): hamacas de cordas, fios grossos, malhas largas.

Hotentotes-Nama (África sul-ocidental): esteiras sob peles.

Gandá (África, República do "British Commonwealth of Nations"): plataformas elevadas de terra socada, cobertas com peles ou telas de cascas de árvore.

Daomé, Dagomé (África ocidental): esteiras de bambu ou peles de animais. O professor Murdock reuniu nos dezoito povos *os primitivos diferentes que representam a todas as regiões e raças importantes do mundo e a todos os principais tipos e níveis de cultura*. Os elementos mencionados são os típicos, essenciais, indispensáveis, característicos. É uma documentação recente, baseada em excelente bibliografia (518 fontes), meticulosamente selecionadas. Verifica-se que a "hamaca" aparece unicamente entre os Witotos, Huitotos, de Claes, Uitotos, de Schmidt, Ouitotos, de Koch-Grünberg, indígenas do alto Japurá e do Içá, com seus afluentes.

Nenhum viajante deparou a rede no interior d'África mesmo em meados do século XVII. O Oriente a ignorou entre o repertório de suas delícias e passatempos de harém e devaneio voluptuoso.

Não se discute a origem histórica em face do documentário conhecido. Até prova expressa em contrário a rede possui o *copyright* sul-americano.

CAPÍTULO V

> *Leurs licts sont d'un tissu de cotton, suspendus*
> *contre le toict comme ceulx de nos navires.*
>
> Montaigne. *Essais, XXX.*

Predilações etimológicas

Sainte-Beuve fala ironicamente que *l'imagination du détail nous suffit* encantando o francês do tempo dele. Kroeber declara ser impossível encontrar dois autores que concordem exatamente na interpretação de dados menores em Antropologia. Creio que, mais das vezes, nada é mais iluminativo que um pormenor, concordem ou não mais de dois mestres ou o detalhe seja "suficiente".

Para uma espécie nova de razão prática um perguntador, no plano prosaico do utilitarismo formal, atrapalha muito mais que macaco em loja de porcelanas.

Há mais de trinta anos, estudando Direito no Recife, fui companheiro de pensão de um amigo que escrevia um livro de exaltação filosófica. Era um Zaratustra reformador e declamatório, pregando num deserto em lindo e sonoro estilo. O escritor, lido e devotado, erguia seu herói numa ascensão lírica estonteante. Terminada a leitura do capítulo, feitas as salvas, vinha eu, inconscientemente, com perguntas sinceras e tremendas. De que se alimentava o filósofo? Onde repousava? Quem o reabastecia regularmente? Angelo Guido, era este o meu companheiro, ficava sorridentemente decepcionado. Descer Assuramaia (era o filósofo) das altas esferas especulativas para fazê-lo comer, beber e dormir!... Que rasteira e terrena impressão tinha eu de um espírito luminoso, debatendo no astral os problemas angustiantes do *ser*, da *substância*, da sublimação dos Calibans intestinais em tantos Ariéis voejantes.

Esta mania não me abandonou, desgraçadamente. Bem posso, humildemente, repetir Santa Teresa de Jesus: *yo le digo que soy bien ruin, y lo peor es que nunca me enmiendo.*

Vou ficando indignado por não encontrar informações que são pormenores e tão inferiores aos olhos do outro tempo que não registraram sua existência.

Como dormiam marinheiros e passageiros no século XV e XVI? Colchas de lã acolchoada para os mais abastados, cobertões de lã grossa para os pobres. Os primeiros em cima de tábuas com alguma elevação, rudimentos de catres que presentemente denominam "beliche". As narrativas cuidam de outros aspectos. O pormenor do sono é posto à margem. Tanto quanto possa avançar dedução sabe-se que os marinheiros ficavam na coberta do navio balouçante.

Os portugueses com maior contato com o Oriente de lá trouxeram o catel, catre, que dos persas viera para os árabes. Era um leito de estrado de lona, com os pés flexíveis, podendo-se dobrar a peça, camilha dobradiça, espécie de cama-de-vento rasteira. Esse catre inspirou a tarimba, cama dura dos soldados, sinônimo da servidão militar "vida de tarimba", "ter tarimba". Mas o comum para marinheiros e passageiros era o enxergão de palha de milho ou capim, colchão rústico que se enrolava nas horas de baldeação ao amanhecer.

A tradição da gente embarcada era dormir na tábua lisa dos conveses ou sob a coberta, ao derredor do porão, fechado pelo batel e o esquife, responsáveis pela comunicação com a praia e o cais. Na proa alojavam-se pajens e escravos e no castelo da popa, com mais de um andar, ficavam capitão, pilotos, passageiros importantes. A marinhagem estendia-se ao longo do navio, apertada entre cordas, velas e utensílios náuticos. Os beliches, confundidos no século XIX com a cama, eram os pequeninos alojamentos no castelo de popa. Assim acomodados os portugueses dominaram todos os mares do mundo.

Marinheiros e soldados embarcados sofriam o enxergão, paraíso de pulgas e viveiro inesgotável da fauna que Quevedo apelidara *piojos con hambre canina*.

Voltando para a França em 1558, Jean de Lery se queixava de *por mais de dezenove meses não me deitara à francesa, como hoje se diz*. Era apenas deitar-se em cama com colchão.

As camas de madeira, fixas e sobrepostas, talqualmente as vemos nos camarotes dos navios, são muitíssimo posteriores. Creio aparecidas nos finais do século XVII e primeiras décadas do XVIII. Ou mais recentemente.

Hamac e França

Na velha marinha da França houve o *branle* que o Larousse registra, rápido, como *hamac, lit de matelot*.[1] Muito mais popular com este nome na França era o *Branle* bailado para o qual João Jacques Rousseau escreveu letra e música. Recordava-se mais prontamente a ordem do *Branle-bas,* o toque de enrolar as macas. Mas não parece de uso muito recuado porque Albert Dauzat não registrou o *branle* no seu "Dictionnaire Etymologique" (Paris, 1949) e apenas o *Branle-bas,* tendo a mais antiga citação em 1748 ("Supplement Chronologique").

Numa inesperada fonte é que aparece informação curiosa. Ninguém podia prever que o informador fosse Michel Eyquem de Montaigne. Conhecera e falara com tupinambá pernambucanos, baianos e cariocas em Rouen, nas duas exibições em que tinham sido apresentados ao Rei de França. A primeira, outubro de 1550, para Henrique II e Catarina di Medicis, a segunda, em 1563, para Carlos IX. *Montaigne qui assistait à l' entrevue les trouva pleins de sens,* afirmou Gabriel Gravier.

Estas entrevistas determinaram o capítulo XXX do "Essais", *Des Cannibales,* que traduzi e anotei ("Cadernos da Hora Presente", janeiro de 1940, São Paulo) teimando em pensar que fora ele o primeiro "americanista", mesmo no plano etnográfico da notícia indígena.

Montaigne escreveu mais ou menos em 1564 e publicou no seu primeiro tomo do "Essais", treze anos depois:

> "Leurs licts sont d'un tissu de cotton, suspendus contre le toict comme ceulx de nos navires, à chascun le sien."

A "entrada" de outubro de 1550 em Rouen mereceu um registro impresso no ano seguinte e de que Ferdinand Denis aproveitou para a sua "Une Fête Brésilienne" (Paris, 1850. Tradução brasileira de Candido Jucá Filho, EPASA, Rio de Janeiro, 1944). A rede indígena não mereceu denominação especial.

> "Alcuns se balançoient dans leurs licts subtilement tressez de fil de cotton attachez chacun bout à l'estoc de quelque arbre, ou bien se reposoient à l'umbrage de quelque buysson tappys."

---

1 Ainda em 1688, Souchu de Rennefort chama *Branle de cotton* às redes de dormir pernambucanas.

Montaigne em 1580 e o redator anônimo da "Fête Brésilienne" de 1550, mencionam simplesmente *leurs lictz*.

Na "Fête Brésilienne" há uma gravura representando cenas da vida indígena. Lá está uma rede armada entre árvores e, no seu côncavo, um casal mais ou menos amoroso.

É a primeira divulgação gráfica da rede de dormir brasileira vista por olhos europeus (1551).

Quatro anos depois, 1555, ano em que Villegaignon desembarcou no Rio de Janeiro, o cartógrafo e navegador Gillaume Le Testu, na sua "Cosmografia", inclui um desenho da Rede indígena, com um outro casal sesteando.

É a mais antiga presença ilustrativa de uma rede de dormir num mapa da América Austral (1555).

Em 1564 havia nos navios franceses a hamaca? Existia naturalmente *un lict de matelot* semelhante às hamacas, às *inis* dos tupinambás vistas por Montaigne e comparadas *comme ceulx de nos navires,* armadas no alto, próximas ao teto, *suspendus contre le toict*.

A hamaca estava com setenta e um anos de revelação na Europa letrada e mercantil.

Não seria a difusão feita unicamente pelos colonizadores de Espanha e Portugal. A navegação francesa para o Brasil começara maravilhosamente cedo. O "Espoir de Honfleur" atinge praia brasileira em 5 de janeiro de 1504, iniciando um ciclo que não se fechou inteiramente. As naus bojudas se enchiam com os toros de ibirapitanga, o pau-de-tinta de inesgotável mercado na época. E as curiosidades locais, aves, mamíferos, peles, plumas, algodão. E infindáveis papagaios. Nos mapas mais vulgares era o Brasil a ilha dos papagaios, *insula papagalorum*. Normandos e bretões largavam de Rouen, Dieppe, Honfleur, rumando a terra de Santa Cruz que Luiz de Camões, tantos anos depois, ainda diria *pouco sabida*. Em 1516 e 1526 os Reis de Portugal sacodem Cristovão Jaques como um gerifalte contra as aves gaulezas que esvoaçavam as enseadas do Brasil. A permanência francesa no nordeste brasileiro foi longa e o ambiente de simpatia dos tupi, amplo e caloroso. Gabriel Soares de Souza em 1587, relacionando os portos, indica os ancoradouros das naus de França. São incontáveis. Há topônimos, como a Ponta Francesa na lagoa de Estremoz no Rio Grande do Norte, de origem inexplicável.

A batalha diplomática entre D. Manoel e D. João III, o imperador Carlos V e os reis de França, Francisco e Henrique II, durou muitíssimo tempo, defendendo os primeiros o monopólio do tráfico lindado pelo meridiano de Tordesilhas e os últimos a liberdade de navegação. Obstinavam-se os franceses a traficar no Novo Mundo e bem sabemos quanto de popularidade possuíam entre a indiada. O cardeal de Toledo, em carta de 27 de janeiro de 1541, comunicava a Carlos V a frase irônica de Francisco I:

> "Est-ce déclarer la guerre et contrevenir à mon amitié avec Sá Magesté que d'envoyer la-bás mes navires? Le soleil luit pour moi comme pour les autres; je voudrais bien voir la clause du testament d'Adam que m'exclut du partage du monde!"

Os navios de comércio franceses teriam sido os divulgadores da excelência da rede de dormir substituindo os enxergões ásperos e contrários ao clima nas longas estadias. As redes armadas facilmente no convés ou nas cobertas nos tempos chuvosos constituíra solução de conforto e utilização de espaço a bordo. Os trugimões normandos, habituados com as *inis*, tinham a comunicabilidade da experiência própria. Cômoda, higiênica, prontamente renovável, a rede impunha-se sobre os enxergões e catres ardentes e mau-cheirosos.

Inicialmente a rede levada nos navios da França recebeu batismo francês e este foi o *branle*, oscilação, bamboleio, vaivém, balanço, imagem fiel do movimento daquele leito suspenso, empurrado por qualquer vento. *Branle* é, evidentemente, o nome arcaico da rede de dormir nos primeiros tempos de sua aclimatação francesa. Resistiu, porém, vencendo afinal o termo caraíba ou aruaco *hamaca*, dando o francês *hamac*, tornando-se *amaca* (italiano), *hammock* (inglês). Os alemães preferiram descrever o objeto, dizendo-o *hängematte*, de *hanger*, suspenso, e *matte*, esteira, como os holandeses, *hangmat, hangmak, hamgemach*.

Os marinheiros franceses determinaram o uso que se espalhou para as demais marinhas. Era uma moda de França que dominava pela sua comodidade funcional para as longas viagens, defesa da ardência tropical, facilidade de acomodação e manejo.

Sem que Montaigne atinasse, com a velha agilidade do seu espírito, que estava diante de uma presença indígena *en nos navires, a ini, inin* dos Tupi, a hamaca dos Caraíba e Aruaque, derramava-se nas esquadras militares e mercantis, guardando o sono das tripulações no ritmo da indolência ameríndia. A França divulgara para os navios e no registro documental notório. Assim a primeira gravura e a primeira ilustração da rede de dormir em circulação européia são francesas.

O PAÍ DA MACA

Vulgariza-se pela denominação de "hamaca", independendo da adoção de qualquer batismo nos países que a recebiam. Kroeber observa que *un invento puede copiarse dándosele un nuevo nombre, pero no podria adoptarse un nombre extrajero sin aceptar también el objeto que denota.*

Não creio que tivéssemos a "maca" vinda da *hamac* francesa. O espanhol espalhara o nome por toda a América, inclusive Brasil, desde as primeiras décadas do século XVI. Em 1519, o italiano Pigafetta registra "hamaca" no Rio de Janeiro, *amache,* no mesmo ano em que Fernandez de Enciso a escreve pela primeira vez num livro castelhano, *Suma de Geografia* etc.

A maca, leito de marinheiro, virá, logicamente, do espanhol *hamaca* e não do francês *hamac.*

O pai da maca é o espanhol.

Redeira Sorocabana, tecendo no antigo Tear.

/ CAPÍTULO VI

> *Quem desatará este intrincadíssimo e enredadíssimo nó?*
> Santo Agostinho. *Confissões*, Livro II, Capítulo X.

"Sara la Baigneuse" está no "Odes et Ballades. Les Orientales", poema datado de julho de 1828. Victor Hugo tinha 26 anos. Lá aparece a nossa hamaca:

> *Sara, belle d'indolence,*
> *Se balance*
> *Dans un hamac, au-dessus*
> *Du bassin d'une fontaine*
> *Toute pleine*
> *D'eau puissée à l'Ilyssus.*
>
> *J'aurais le hamac de soie*
> *Qui se ploie*
> *Sous le corps prêt à pâmer;*
> *J'aurais la molle ottomane*
> *Dont émane*
> *Un parfun qui fait aimer.*
>
> *Ainsi se parle en princesse*
> *Et sans cesse*
> *Se balance avec amour*
> *La jeune fille rieuse*
> *Oublieuse*
> *Des prompts ailes du jour.*

Hamaca, Caraíba ou Aruaque

Na edição de Furne (Paris, 1841) A. Cohn a ilustrou com uma figura de mulher nua, sentada na rede, entre duas árvores que balizam o regato.

Haverá, antes desta, balançando-se na poesia de França, outra rede tropical? Mas *maca* nos veio de *hamaca* e não da *hamac* em que Sara se balança, sonhando em ser sultana. Predileções de filólogos que têm todo direito de ter predileções. Se Julieta e Romeu disputaram entre o rouxinol noturno e a cotovia matinal, quanto mais filólogos, seduzidos por etimologias sedutoras.

"Maca" é quanto no Brasil nos resta da quase universal hamaca.

E qual a origem da hamaca? Aruaque ou Caraíba? Há, para qualquer lado, bibliografia consagradora, ó Rei Salomão! É Caraíba segundo Segovia, Augusto Malaret, V. W. Kurrelmayer, V. Sáenz del Prado, Albert Dauzat, as enciclopédias Larousse, Espasa, Treccani. É Aruaque conforme Lenz, Rufino, J. Cuervo, Vicente Garcia de Diego, J. Corominas, Pedro Henrique Ureña, Lokotsch, ou históricos Las Casas, Fernández de Oviedo, Gracilaso, Pedro Martir de Angleria, os dicionários Webster, Real Academia Española, Enciclopédico Italiano. É alemã, na aula de Diez, Meyer-Lübke, Littré, Korting. Pode ser até hebraica, na lição de Sebastian de Covarrubias ("Tesouro de la Lengua Castellana e Española", 1611) *del verbo "hhamak", vertere, convertere, etc., porque se buelven ye rebuelven en ella!*

Exigir mais será o cúmulo da insatisfação erudita.

Deus me defenda de opor-me a Diez, Meyer-Lübke, Korting, Littré, quando expõem a origem germânica, ou melhor *neuhoch-deutsch,* da hamaca, legitimamente *hängematte,* como ensina Littré, de *"hanger" suspendu et "matte",* natte. Depois de recordar as velhas fontes simples que dizem hamaca provir da árvore do mesmo nome de onde é tecida, decide: *mais selà est trop incertain pour contra-balancer l'étymologie germanique.* Sabe-se que o vocábulo *hängermatte* apareceu primeiramente em 1627 ("hangmatten"). É uma questão de simpatia desculpável.

> *"Alfana" vient "d'Equus" sans doute;*
> *Mais il faut avouer aussi*
> *Qu'en venant de là jusqu'ici*
> *Il a bien changé sur la route.*

Dou o meu testemunho pessoal, "de experiências feito", que maca é a maleta retangular, coberta de couro ou papel fingindo-o, própria, para roupa de uso imediato em viagem, e também o saco de couro; idem maleta de couro que viaja amarrada à garupa da montada; idem cama suspensa de marinheiro e também leito portátil. Maca ainda dizem a padiola, transportável, em que conduzem doentes ou feridos para o hospital.

J. Corominas ("Dicionário crítico etimológico de la lengua castellana", Madri, 1954) registrando *"Macona"* escreve:

> *"'Macona',* banasta grande, voz cántabro-asturiana, probablemente derivada de HAMACA, 'cama de lona', de donde 'paihuela' y 'canastra'. Primerira documentc. Dicc. Academ. ya em 1817"... *"Macon,* popular en Asturias; *macu, maconuco,* 'baúl pequeño', macona, 'cesta grande' y sin asas, en Santander... Ahora bien, en la jerga portuguesa *'maco'* es *'saco'* y en el portugués del Norte del Brasil *'maca'* es 'saco de cuero', atado a la grupa, en que se lleva ropa de viaje. (Teschauer, Carlos, Apostillas ao "Dicionário de Vocábulos Brasileiros", de Beaurepaire Rohan) Petrópolis, 1912, cita C. de Figueiredo ("Novo Dicionário", etc.), mientras que en el portugués común significa "parihuela con cuatro brazos para transportar muebles o equipaje" y también "cama de lona donde duermen los marineros" y "especie de esquife para transportar enfermos. Está claro que estas últimas acepciones deben ser la misma palabra que 'hamaca', tomada del castellano; de 'cama de lona' se pasaria a 'parihuela' y de ahi a 'baul e 'cesta grande'. Comparese con *'macuto',* 'saco largo y estrecho, que llevan al hombro los jornaleros, soldados, etc.', voz de origen incierto (quizá negro africano), extendida por Cuba, Santo Domingos, Venezuela, y luego en España".

Entra aqui, a talho de foice, as derivações populares da hamaca na língua castelhana d'América. Registrando a presença da rede brasileira na literatura oral é honesto estender-se homenagem idêntica à mana hamaca.

Augusto Malaret ("Diccionario de Americanismos", 3ª ed. Buenos Aires, 1946) anota:

> "HAMACAR, Argentina, Guatemala y Uruguay. Hamaquear. Haber e tener uno que hamacarse. Argentina. Se dice del que tiene que hacer un gran esfuerzo para salir de una situación difícil. HAMAQUEAR, Argentina, Colombia, Cuba, Chile, Ecuador, Guatemala, Peru, Puerto Rico, Venezuela. Mecer en la hamaca. 2. Entretener a una persona o otra, darle largas en el despacho de un asunto. 3. Puerto Rico y Venezuela. Zamarrear, bazucar. Suele aspirarse la *h. A fulano lo jamaquearon de lo lindo."*

No comum afirma-se hamaca nome vegetal: *"hamac, arbol de cuya corteza suelen sacarse los filamentos con que se hacen"* (Espasa). *Derived from the hamack tree* (Enc. Brit.). *Ce nom vient de ce que les caraibes donnent le nom de hamack à l'arbre dont ils emploient l'écorce à tresser cette espèce de filet* (Littré).

As fontes que indicam hamaca como vegetal são coincidentes em dizê-la voz caraíba e não aruaque.

Que árvore "hamaca" será esta? É a Pita, Piteira, Amarilidácea, com mais de meio cento de espécies correndo do México, Sul dos Estados

Unidos e toda América do Sul. Pita é vocábulo quíchua, mexicano "ixtle", agave. Para o caraíba a Pita se dizia Hamaca? O prudente é não afirmar. Não estou dizendo que ninguém sabe se hamaca vem do caraíba ou do aruaque? Repito Menéndez Pelayo: *Yo en esto ni entro ni salgo, y buena pedantería fuera en un profano tener opinión en semejantes cosas.*

Um informante precioso é Gonzalo Hernández de Oviedo y Valdés (1478-1557) soldado, administrador, viajante, historiador, governador de Cartagena, doze vezes atravessando o Atlântico, anos e anos na convivência dos conquistadores, índios e missionários (inclusive o grande Las Casas) e, sob muitos ângulos, o melhor revelador da história do Novo Mundo. Gonzalo Fernández de Oviedo, como o chamam comumente, no seu "Sumario de la natural historia de las Indias" (1526) fala das redes de dormir nos domínios castelhanos:

"Las camas en que duermen se llaman hamacas, que son unas mantas de algodón muy bien tejidas y de buenas y lindas telas, y delgadas algunas de ellas, de dos varas y de tres, en luengo, y algo más angostas que luengas, y en los cabos están llenas de cordeles de cabuya y de henequén (la cual manera de este hilo y su diferencia adelante se dirá), y estos hilos son luengos, y vanse a juntar y concluir juntamente, y hácenles al cabo un trancahilo, como a una empulguera de una cuerda de ballesta, y así la guarnecen, y aquélla atan a un árbol, y la del otro al otro cabo, con cuerdas o sogas de algodón, que llaman hicos, y queda la cama en el aire, cuatro o cinco palmos levantada de tierra, en manera de honda o columpio; y es muy bien dormir en tales camas, y son muy limpias; y como la tierra es templada, no hay necesidad de otra ropa encima. Verdad es que durmiendo en alguna sierra donde hace algún frio, o llegando hombre mojado, suelen poner brasas debajo de las hamaca para se calentar. Aquellas cuerdas con que se atan las empulgueras o fines de las dichas hamacas son unas sogas torcidas y bien hechas y de la groseza que conviene, de muy buen algodón; y cuando no duermen en el campo, para se atar de árbol en árbol, átanse en casa de un poste a otro, y siempre hay lugar para las colgar" (Cap. X, "De los indios de Tierra-Firme y de sus costumbres y ritos y ceremonias").

A Tierra-Firme compreendia a orla marítima de Panamá às Guianas.

Enrique Martinez (professor em ambas as universidades pernambucanas), a quem devo larga bibliografia castelhana e americana referente à hamaca, comentou agudamente este trecho de Oviedo:

"Es interesante comparar esto con la otra observación de Oviedo sobre las hamacas de Santo Domingo. Aqui se refiere a los indios de Tierra Firme, que duermen en hamacas, cosa que subraya como una novidad. En los capítulos anteriores de este SUMARIO, cuando habla de las costumbres de los isleños no menciona la hamaca."

O outro livro de Oviedo é a "Historia general y natural de las Indias, Islas y Tierra Firme del mar Oceáno" (Sevilha, 1535) e a referência assim diz: ... *bien es que se diga qué camas tienen en esta Isla Española, a la cual llaman hamaca* (Lib. V, cap. 2). Com a mesma designação a hamaca era usada na Española (Santo Domingo e Haiti) e no continente.

Esgotados meus recursos bibliográficos sem definição da origem da hamaca entre Caraíba e Aruaque, consultei o professor Enrique Martinez se devia repetir a técnica salomônica, dividindo as raízes entre as duas falas americanas. Como Martinez *ha gastado los codos* nas buscas e caçadas, a resposta seria documento valioso na velha disputa entre apaixonados, tão entretidos no debate como numa briga de galos.

O professor Enrique Martinez, de aula plena, assim falou:

"... mucho me temo que ni Vd., ni yo, ni nadie pueda hacer esa justicia salomónica respecto a los padres de la palabra *hamaca*. Realmente los diccionarios, glosarios y cronistas de Indias – como verá en las fichas que le remito – se dividen en dos y hasta en tres o cuatro grupos con relación a la palabrilla. Pero, francamente, no creio que se pueda saber con absoluta precisión si *hamaca es arahuaca o caribe*.

La actitud más prudente – en definitiva, la verdaderamente salomónica es la que siguen algunos linguistas modernos, como Max Leopold Wagner ("Lingua e dialetti dell'America Spagnóla", Ediz. Le lingue estere. Firenze, 1949): hamaca es palabra *indígena antillana*, 'lingua delle isole', dice M. L. Wagner. (Las investigaciones más recientes presentan este problema tan insoluble, dados los cruces linguísticos indígenas que ocurrieron en las Antilhas, que la posición más recomemdable es no buscarle cino pies al gato. Libros y cosas sobre esto: Emiliano Tejera: "Palabras indígenas de la isla de Santo Domingo", con adiciones de Emilio Tejera, prólogo de Pedro Henriquez Ureña, Santo Domingo, 1935; Sven Lovén: "Origins of the Tainan Culture, West Indies", Gotenburg, 1935; reseña de este libro en "Revista de Filologia Hispánica", II, 1940, por Amado Alonso; Pedro Henriquez Ureña: "El español de Santo Domingo", capítulo sobre "Indigenismo", Buenos Aires, 1940; Juan Augusto Perea e Salvador Perea: "Glosario etimológico taíno-español", Mayagüez Puerto Rico, 1941).

Y digo que lo más prudente es adoptar esta solución por esto:

Como la primera conquista española en América fué la isla de Haiti, que llamamos 'la Española', hoy Santo Domingo y Haití, esta isla fué el centro de donde partieron la mayoria de las demás expediciones. El cuartel general o base de operaciones. Y las palabras haitianas que los españoles conocen en La Española comenzaron a difundirse por toda América. Después se descubrió que en el archipiélago de las Bahamas y de las grandes y pequeñas Antillas se hablaban muchas lenguas y dialectos, entre los cuales las dos más importantes eran la lengua hablada en las Bahmas y en las Grandes Antillas y la que se usaba en las pequeñas Antillas. Mientras que en las grandes Antillas había prácticamente una sola lengua bastante uniforme, en las pequeñas Antillas casi que cada isla tenía una lengua diferente. Cuando Colón, en su cuarto viaje, se acerca a las costas de la América Central, se encuentra, como él mismo dice, con una lengua indígena diferente cada viente millas; lenguas, además, como subraya el propio Colón, tan diferentes entre si como el árabe y el castellano.

En un principio todas las Antillas estaban pobladas por tribus pertenecientes a la grande familia linguística *arahuaca* o *arawak*. Antiguamente los arahuacos ocupaban todo vasto territorio comprendido entre la desembocadura (foz) del Orinoco y del Amazonas y se extendían, a través de las Antillas, hasta la Flórida meridional. Por otra parte, en dirección al Sur, llegaban hasta el Paraguay septentrional.

Poco antes de la llegada de mis antepasados se habia prodocido un fenómeno curioso: las pequeñas Antillas habían sido invadidas por los *caribes* de la Guayana; la población arahuaca se refugió en el interior de las islas (los que escaparon a las matanzas, se entiende). De estas carnicerías se escaparon, naturalmente, las mujeres, que pasaron – ipso facto – a acostarse con los caribes, como Dios manda en tales ocasiones. Pero estas mujeres arahuacas *conservaron* su lengua, y gracias a esta se llegó a la interesante situación bilingüe de unos pueblos en que los hombres hablaban caribe y las mujeres y los niños arahuaco. Esta situación – leo en M. L. Wagner – se ha conservado hasta hoy en el pequeño grupo caribe de la Dominica.

La tribu arahuaca que los españoles encontraron en la isla de Haití llevaba el nombre de *Taíno,* nome que se le dió también a la lengua de esta tribu. Por esto encontrará Vd. en algunas de las papeletas que le remito esta denominación, que equivale a lengua de Haití, o a voz de Santo Domingo, o de la Española. Al taíno, pues, debe la lengua castellana los primeros americanismos, que penetraron tanto más fcilmente en nuestra lengua porque el idioma arahuaco que se hablaba en las Bahamas y en las Antillas era más homogéneo y no tan lleno de dialectos como los que se hablaban en América Central.

Por otro lado, la flora de estas islas, que es muy semejante a la de la plataforma centroamericana – y muy diferente a la de Mejico –, favoreció sin duda a los españoles que, con sus conocimientos de arahuaco-caribe pudieron entenderse con la gente de Tierra Firme. Lo grave comenzó cuando empezaron a adentrase de veras en los dominios del *náhuatl,* en tierras aztecas.

En fin, como decia al principio, puesto que una parte de las Antillas fué invadida por caribes y con ellos vino una penetración de su lengua en el arahuaco y teniendo en cuenta, además, que el pueblo arahuaco se extinguió muy pronto (debido a su dulce condición y a las no tan dulces entrañas de caribes y españolitos, aparte de las bubas y otras gangas) y, sobre todo, que a ningún español se le ocurrió hacer un léxico del arahuaco antiguo, llegamos a la conclusión, caro Don Luís, que no es fácil distinguir si una palabra es arahuaca o caribe. Uf! qué tirada! Pero si Ud. no quiere esa solución de "indigenismo antillano" (ah! le recuerdo que en las modernas divisiones linguísticas del hispano-americano, la zona segunda es la llamada antillana – la que nos interesa – cuyos limites son: las três Antillas hispanas (Cuba, Puerto Rico, República Dominicana), costas y llanos de Venezuela y la parte atlántica de Colombia) y desea buscarle madre al niño, puede Ud. inclinarse com más probabilidades de acertar hacia el grupo de los que piensan que *hamaca* es voz *taína*. Al fins es la opinión más común" (carta de Olinda, 9-VIII-1957).

Ainda possuímos aproximadamente umas 25 tribos aruaques e umas catorze caraíba. Rodolfo Garcia fez síntese clara e linda de ambos os povos, com a bibliografia essencial até 1922 e Estevão Pinto (da Universidade do Recife) alcançou treze anos depois, expondo excelentemente.

Debate sem Fim

O problema, problema ou curiosidade, é que o aruaque atingira às pequenas Antilhas expelindo um povo que aí vivia de *que não resta nenhuma notícia,* concluía Rodolfo Garcia em 1922. Já estava assenhoreado das grandes e pequenas Antilhas, sem que deixassem suas tribos os acampamentos continentais quando os caraíbas surgiram, num ímpeto irresistível de morte e domínio. Não sabemos quando tiveram início estas campanhas sucessivas, mas era indiscutível o *melting-pot,* talvez mais de secular, quando Cristóvão Colombo apareceu em Guarani, uma das Lucaias, descobrindo "América!" Não é possível atinar até onde a instrusão caraíba no idioma aruaque da Ilha Espanhola se processou. O dialeto dos Taínos da "Española" seria justamente um dos mais maleáveis, a deduzir-se pela brandura, simplicidade e doçura dos que o falavam. O que se verifica com *hamaca* poder-se-ia estender à *canoa, tabaco* e *maiz.* Uma autoridade como Albert Dauzat dicionariza *tabac* e *mais* como *tiré de la langue des Arouaks d'Haiti, e hamac e canot* providos *du caraibe.* Pertencem ao mesmo taíno, legitimamente aruaque. As fontes consultadas pelo mestre francês obrigaram-no à confusão que permanece, serena, apesar do número dos que se decidem por este ou aquele lado.

Creio ter reunido documentação bastante para que a confusão continue sem solução de continuidade.

De 1922 para 1957 algum caminho foi andado quanto aos povos que habitavam as grandes e pequenas Antilhas, Cuba e Hispañola (Haiti e Santo Domingos).

Os primeiros habitantes das Antilhas foram os Cibonei. Não compreendiam as pequenas Antilhas nem Trinidad, que teriam ficado inabitadas por muito tempo. No fim do primeiro milênio depois de Cristo, veio a invasão dos Igneri, gente aruaque provinda da América do Sul, terra de origem para a maioria atual dos pesquisadores, e ocupou pequenas Antilhas e mesmo parte da Hispañola. Centenas de anos depois os Aruaques derramaram-se pelas ilhas das Índias Ocidentais, exceto os territórios limitados pelos Cibonei que neles moravam até que os espanhóis chegaram nos finais do século XV. Os Taínos e sub-Taínos são ditos como divisões dos Igneri invasores. Pouco antes da vinda de Cristóvão Colombo é que os Caraíbas se apossaram das pequenas Antilhas, ilhas Virgens e Hispañola (I. Rouse). Teriam sido os Cibonei os viajantes para a Flórida. Há muito mais documentação convincente da marcha do Sul para o Norte que na direção inversa, para os pacíficos e andejos Aruaques.

É Aruaque

Desta forma os Taínos teriam sofrido a influência lingüística dos Caraíbas durante período relativamente curto para que apresentassem vocabulário extenso de modificações decisivas. Eram ainda os Aruaques o povo mestre em fiar e tecer e, bem superior ao Caraíba depredador. O fabrico da hamaca, pela sua delicadeza e equilíbrio de acabamento, utilização inteligente das fibras do algodão, manejo do tear, requeria a paciência minuciosa que os Aruaques já haviam demonstrado com suas mulheres oleiras. É para deduzir-se que a hamaca seja trabalho feminino aruaque, transmitido por eles aos Caraíbas (por intermédio das mulheres prisioneiras e amásias) e aos Tupi-Guaranis, aproveitadores hábeis dos algodoais nativos.

Os Aruaques são a família mais disseminada nas ilhas e continente. As variedades lingüísticas e a vastidão das áreas de sua influência, móbil e complexa, são motivos surpreendentes de pesquisa fixadora, denunciando-lhes antiguidade assombrosa no movimento migratório. Recenseando as línguas sul-americanas, Cestmir Loukotka dava 58 idiomas para os Caraíbas, 42 para os Tupis, 89 para os Aruaques, contando-se 54 no Brasil.

Artur Posnanski, entusiasmado, proclamava: *La gran familia Aruwak constituye el verdadero subsuelo antropológico y lingüístico de todos los pobladores de las tres Américas!*

Trabalhadores pacíficos, agricultores eméritos, conseguiram, sem que possamos negar-lhes a prioridade, o processo de obter a farinha da mandioca, eliminando a substância tóxica, evidência de tempo incontável de observação e experiência. Aruaque significa, justamente, *o povo, a gente da farinha, o fabricante da farinha.*

Foram os oleiros magníficos, orgulhando suas peças as coleções dos Museus e séries particulares. A cerâmica de Marajó é um testemunho.

Sua organização social e religiosa excluía o antropofagismo de que os Caraíbas deram exemplo e os Tupis seguiram fielmente. Eram simples, laboriosos, acolhedores, vítimas clássicas de raças preadoras e ávidas de escravidão e saque.

Max Schmidt e Erland Nordenskiöld afirmaram pertencer à cultura aruaque o tear de madeira que os cronistas coloniais encontraram funcionando na América, na maioria do tempo e do espaço.[1] Este tear foi decisivo para a divulgação da rede de dormir no Brasil, e na América do Sul.

Caracterizar o Aruaque como tendo feito as redes com as fibras das palmeiras e dos cipós era forma de entregar-lhe a inicial da indústria porque o ciclo da utilização algodoeira é bem posterior.

É óbvio que o Caraíba, apesar da fama de criador da hamaca, recebeu-a da mulher aruaque, fiandeira e tecedeira por tradição ininterrupta. Se a cerâmica era um dos seus títulos de glória, ainda Krickeberg informa que foram eles nos bosques tropicais, os "grandes mestres em cerâmica e cestaria, assim como na arte de fiar e tecer".

Tornou-se imagem semiclássica do aruaque constituir o fundamento basilar, a base comum, das mais altas culturas do Novo Mundo (Rivet, Lothrop, Krickeberg) oriunda das bacias do Amazonas e Orinoco. O Cassiquiare, que em aruaque vale "o Rio do Cacique", ligando o Orinoco ao Rio Negro, era considerado por Nordenskiöld como canal construído por eles.

Teve a rede o Tupi por intermédio do Caraíba ou do Aruaque? Seria pouco crível que tivesse o primeiro sido presenteador. Os contatos não foram tão repetidos como verificamos com os segundos, desfeita a hipótese do parentesco íntimo, como deduzia Von Martius. E uma transmissão de técnica não importa na determinação do uso, mesmo diante do tão sabido utilitarismo indígena. Os Carajás receberam a rede possivelmente dos Tapirapés, tupis. Sabem-na estes tecer, mas usam como cobertor. Deitam-se no chão e forram-se com a rede, como já notara Ehrenreich.

---

1   MAX SCHMIDT, *Die Daressi-Kabis,* Baessler-Archiv. Bd. IV, Leipzig und Berlin, 1914. p. 214.

– Erland Nordenskiöld, "Eine Geographische und Ethnographische Analyse der Materiellen Kultur zweier Indianerstämme in el Gran Chaco. Südamerika. "Göteboy. 1918. Capítulo XXV, p. 216.

Devo a tradução fiel dos trechos citados ao Rev. padre Frederico Pastor, O. S. F.

Era mais lógico que os Tupis tivessem conhecimento dos Aruaques espalhados no delta amazônico até o golfo venezuelano de Maracaibo, do que dos Caraíbas, nas cabeceiras do Tapajós e do Xingu. E a mata amazônica teria, na multidão das lianas e dos cipós, na ardência abafada da temperatura, provocado o aparecimento da rede de dormir e sua divulgação entre os povos vizinhos e vivos na mesma paisagem climatérica.

CAPÍTULO VII

> We have incorporated their name into our geography, and
> some of their inventions – at least we obtained them from these
> Carib-cannibals – are past and parcel of our daily life; the
> hammock the canoe.
>
> PAUL RADIN. *Indians of South America.*

A rede e o Caraíba clássico

Os Caraíba viviam em guerra permanente, violência congênita, crueldade imediata, depredação incontida. Profissionalmente malvados. Eram arrebatados, agressivos, preadores, marinheiros afoitos, pescadores afamados, guerreiros invencíveis. Corriam pelas Antilhas e costas da América austral e deixaram sem nome batizando as águas do mar.

Discutem o diagrama de percurso da raça indomável. Veio da Flórida, do Norte para o Sul, arribando às Guianas e ao Brasil, ou partiu das Guianas para o setentrião, ou ainda das nascentes do Tapajós e do Xingu, subindo para as pequenas Antilhas, servindo do rosário insular como alpondras, na imagem de Rodolfo Garcia? Os companheiros de Cristóvão Colombo depararam os Caraíba ferozes e bravos, guardando as mulheres que arrebatavam aos pacíficos Aruaque, prisioneiras e obstinadas na conservação do idioma nativo em frente ao estruprador bestial.[1]

Eram, entretanto, industriosos, hábeis, de inteligência pronta e viva, irradiando a fama da coragem teimosa e da valentia bruta.

Este povo inquieto, belicoso, em perpétua excitação, doaria à cultura americana três elementos duradores: o vocábulo "canibal", sinônimo da atividade antropofágica; a canoa, primeiro nome do Novo Mundo registrado nos dicionários castelhanos, e a rede de dormir.

---

1 A tradição do pacifismo covarde dos aruaque e do ímpeto sempre vitorioso dos caraíba é naturalmente exagero que merece revisão e justiça para uns e outros. Nem sempre o caraíba derrotava o aruaque. A imagem se afirma no sentido geral do "complexo" caraíba, dominador e valente.

É a Rede de dormir que o castelhano ouviu chamar "hamaca", provinda de *amache* como Pigafetta escreveu em 1519, *hamaca,* na grafia de Poleur em 1555, *hamat* em Bouton, 1640, hamáca espanhola, *"hamac* francesa, *hammock* para o inglês... *perhaps derived from the hamack tree,* diz a Enciclopédia Britânica. "Cama suspendida", nos dicionários de Espanha.

Mas o vencido e amargurado Aruaque também conhecia, tecia e usava a hamaca. Estava gravitando como uma sombra triste e fatal ao derredor do Caraíba, saqueado, violentado, escravo sem reação, capturado na fácil escravidão das campanhas militares.

Como nenhum outro, Rodolfo Garcia ensina o começo da história dos aruaque oleiros, trabalhadores, disciplinados, sonhando uma tranqüilidade que nunca possuíram.

> "Os Aruaque, quando chegaram os espanhóis, habitavam as grandes Antilhas. Com estes índios foram as primeiras práticas de Colombo e seus companheiros, que com eles resgataram oiro e produtos da terra, recebendo ajuda e agasalho. Sobre eles informou ingenuamente que lhe parecia gente muito pobre, porque andavam todos nus, *como su madre los parió*. De uma de suas línguas foram as primeiras palavras recolhidas pelos descobridores, designando plantas e utensílios, como *aje, maiz, tabaco, mani, canoa, hamaca,* logo incorporadas ao léxico das nações ocidentais. Tais palavras e outras de igual procedência, que se podem acompanhar pelo continente sul-americano a dentro, são importantes, no conceito de Ehrenreich, para se conhecer a distribuição das plantas cultivadas e a influência aruaque em geral."

Então sabemos toda a história da rede de dormir? Criaram-na os Caraíba que passaram aos Aruaque e estes aos Tupi de onde a recebemos?

Devo uma conversa preliminar.

Há gente que não podendo enfrentar o chapeleiro agride quem usa chapéu. Não está de acordo com Robert Lowie ou com Von Eickstedt, mas aguarda que um estudioso do Acre divulgue observações na técnica de um dos dois. Então ataca o rapaz do Acre sem que jamais se refira aos fundamentos da questão. Há também o mestre escondendo com sua autoridade simpatias sem bases e preferências sem justificação. Há "escolas" (certas escolas em Etnografia repetem a missão velha dos cometas para alguns astrônomos de outrora. O cometa simplificava a explicação difícil) cujas generalizações são bandeiras poderosas cobrindo a carga de contrabando em navio suspeito e clandestino. É preciso atrevimento para discordar e o atrevimento é um elemento permanentemente negativo para inteligências sensatas e tradicionais.

Não posso dizer que família ameríndia teceu e divulgou primeiro a rede de dormir. Há quem o possa fazer, decidindo-se pelos Caraíba, pelos

Aruaque, pelos Tupi. Todos usavam. Os marinheiros de Colombo encontraram os Aruaque e os de Pedro Álvares Cabral os Tupi. E viram a rede de dormir balançando com um homem dentro, feliz.

Ninguém, que eu saiba, pode informar o certo. Karl von den Steinen dizia que os Caraíba teciam com fios de algodão e os Aruaque com fibras de palmeiras. Na relação do padre Wilhelm Schmidt surgem as exceções inevitáveis. Os Maopiíans, que são caraíba, usam redes de fibras de palmeiras, e os Vapixanas, que são aruaque, redes de algodão. Sei que há explicação e a dedução do mestre von den Stein é observação de médias gerais. Cito apenas para lembrar a impossibilidade da característica imutável em qualquer "permanente" etnográfica.

Mas os materiais existiam, às vezes, contiguamente sem que a presença determinasse um tipo de fixo da espécie fabricada. São os eternos problemas justificadores. No dia em que desaparecerem os problemas, os sábios morrerão de tédio ou, depois de um congresso internacional, farão uma minuciosa e tenaz revisão de técnicas interpretativas, terreno em que os problemas reapareceram, incuráveis e numerosos.

Aruaque e Caraíba possuíam a indústria das hamacas. Os Aruaque tinham redes de fibra de palmeiras. Os Caraíba empregavam os fios do algodão. Ehrenreich dava a prioridade ao aruaco, mas Karl von den Steinen decidiu na justiça prudente do rei Salomão:

> "Já depois da viagem de 1884 chamei a atenção para o paralelismo existente entre a região do Xingu e a das Guianas, dizendo que tanto lá como aqui a rede de algodão parecia origem caraíba, sendo proveniente dos Nu-Aruaque a de fibra de palmeira. Lembrei também que a esta concordância etnográfica corresponde exatamente a lingüística. Em ambos os casos a técnica nasce da arte de trançar, o que difere é só o material. Os mais atrasados eram os Bacaíri, que não possuíam o tecido em forma de pano. Também é notável o fato de que os torçais destes, embora preenchessem completamente o seu fim, eram de confecção menos artística que os das outras tribos."

Podiam ter de ambos os tipos. Karl von den Steinen viu entre os Bacaíri redes de algodão puro e no Culiseu, redes de fibras da palmeira buruti. Os Bacaíri são caraíba. Empregavam ambos os materiais que não seriam privativos dos aruaque. Lógico que o uso depende do encontro material da fibra. No Rio Negro, regiões do Içana e do Caiari-Uaupés, Koch Grünberg não viu redes de algodão "porque esse vegetal é menos cultivado ali". Mas viu redes e nelas dormiu.

Expansão do uso indígena

O padre Wilhelm Schmidt documenta a utilização de redes de palmeira para Aruaque e também Caraíba, Betóia, Pano e Gê (Machacali e Puri) e de algodão não apenas para Caraíba como Aruaque e Pano. Tribos teciam as redes para vender como os Caraíba e Maquiritares (Salas, citado por Miguel Acosta Saignes). Também no Xingu aparecem redes de fibras de palmeira com forro de fios de algodão, como presentemente são vendidas as da palmeira buriti do Piauí.

De aruaque é que a indústria foi transmitida aos Tupi e estes se tornaram os divulgadores em maior escala, intensidade e feição? O padre Schmidt afirma, como adiantando-se ao ponto em que von den Steinen estacara:

> "Uma nova conclusão que merece ser assentada é a de que a rede de algodão acha-se disseminada entre as tribos tupi em muito maior escala e em caráter mais exclusivo do que entre os caraíbas, e provavelmente à sua influência é que deve ser atribuída a difusão da mesma na zona do Xingu."

Métraux, riscando a geografia tupi das "hamacs", fecha a exposição, ensinando:

> "Toutes les indications que je viens de rassembler démonstrent suffisamment que le coton a toujours été la matière la plus appréciée par les Tupi-Guarani pour confectioner leurs hamacs. Même ceux d'entre eux qui de nos jours en ont en fibres végétales n'ont pas renoncé complètement au coton, ou du moins ne l'ont abandonné que fort récemment. C'est avec raison que Nordenskiöld considère les Tupi-Guarani comme les propagateurs de la culture du coton en Amérique ou du moins du hamac de cotn, et ceci est d'autant plus probable que le limite méridionale du hamac correspond exactement aux limites de l'extension des Tupi-Guarani vers le sud. Si, sur la carte indiquant la distribution des différentes sortes de hamacs, on fait abstraction des tribus tupi-guarani, on remarquera que le hamac de coton se trouve surtout dans l'ouest, le nord et le centre de l'Amérique du Sud."

Também o pouco sabido Cariri fabricava redes. Ehrenreich, estudando antigos retratos de índios sul-americanos, escreveu sobre o uso da rede entre os súditos do rei Janduí, a tropa aliada e fiel aos holandeses durante seu domínio no nordeste.

> "Um ponto importante é o uso das redes. Ao passo que os Kariri as possuíam e mostravam particular perícia na sua confecção, os Tapuias de Janduí as não usavam,

ou apenas por exceção. 'Les Tapuyes, diz Morisot, moins delicats que les autres Brésiliens qui prennent leur repos dans des nets de coton, se couchent à la terre ou sous des arbres et leurs Roys dans des huttes de Cranchaões'. Em contraposição com isto está na verdade a asserção de Roulox, de que dois doentes foram conduzidos em redes (vide Herckmans e Laet). Contudo parece neste caso haver a rede servido somente como expediente necessário para o transporte, e ter sido tomada às tribos ou kariris vivendo nas cercanias, como acontece com os Suyás que, no tempo da primeira expedição do Xingu, tomaram emprestado dos Bakairis este último aparelho. Também os Karayás do Araguya usam as redes apenas como berços para crianças, ao passo que dormem sobre o chão envolto nas mesmas redes. Temos, por conseguinte, de contar também a tribo de Janduí no número das que dormem sem rede."

A influência dos janduís foi muito grande no povo norte-rio-grandense e o seu prestígio resistiu tempo velho na memória coletiva. Apesar do grande contato com os tupis não receberam o uso das redes.

Na sua "Etnologia sul-americana"[2] o padre Wilhelm Schmidt fixa a extensão da rede entre a população indígena.

"A Rede, tão característica das tribos aruaques e caraíbas falta em toda uma série dessas tribos lingüisticamente isoladas, como os jivaros, miranhas, tambopotas (panos), bororos, campas (aruaques). Entre os carajás existe, é certo, mas utilizada sob a forma de esteira, entre os varaus ela é fabricada com uma tessitura diferente e não é muito usada; entre os goajiros, e aruaques, é feita de material singular; tudo isso indica importação relativamente recente."

"Outra característica da cultura do arco que alcançou uma difusão ainda mais ampla (apenas no Chaco aparece raramente) e cujos criadores e verdadeiros transmissores foram os aruaques, é a Rede. Em geral é confeccionada entre os aruaques de fibras de palmeira e entre os caraíbas de algodão. Essa regra, aliás, comporta exceções sobretudo no segundo caso, conforme atesta a relação seguinte:

Redes de fibras de palmeira

Siusis	Aruaques
Yamamadis	idem
Ipurinas	idem
Atchaguas	idem
Cabixis	idem
Parecis	idem
Guiana-Inglesa	idem
Uaupés	idem
Barés	idem
Rio Negro	idem

---

[2] Trad. Sergio Buarque de Holanda, Bras. 218 – São Paulo, 1942.

Custenaus	idem
Mehinacus	idem
Guanas	idem
Muras	Isolados
Ticunas	idem
Pebas	idem
Uitotos	idem
Miranhas	idem
Guaraunos	idem
Maopiyans	Caraíbas
Hianacotos	idem
Yauaperis	idem
Uachmiris	idem
Uainumas	idem
Pimenteiras	idem
Cariris	Cariris
Cobeuas	Betoyas
Machacalis	Gês
Puris	idem
Caripunas	Panos
Sirionos	Chaco
Chamacocos	idem
Lenguas	idem
Paiaguás	idem
Camayuras	Tupis
Omáguas	idem

Redes de algodão

Surinam	Caraíbas
Cumanagotos	idem
"True Caribs"	idem
Macuxis	idem
Porocotós	idem
Bacaíris	idem
Pimenteiras e Asuriniquins	Cariris
(Alto Xingu)	Caraíbas
Yamiacas	Panos
Tauares	idem
Vapixanas	Aruaques
Parecis	idem
Itonoma-Moxos	idem
Arebatos	idem
Acipoyas	Tupis

Curuhaés	idem
Omáguas	idem
Guarayos	idem
Tapirapés	idem
Cainguás	idem
Tupiniquis	idem
Camacan-Mongoyas	idem
Apiacás	idem

Redes de outros materiais

Ipurinas (Aruaques): de cascas.
Yamamadis (Aruaques): de fibras de bromélias.
Goajiros (Isolados): de Agave americana (Naguay).
Arhuaco (isolados): de Agave americana (Naguay).

Redes sem menção de material

Passés (Aruaques).
Chiquitos.

Cumpre destacar a área de mistura no Xingu onde as redes de fibras de palmeira tem forro de fios de algodão: assim sucede entre os custenaus, mehinacús, camayuras. Para leste e oeste estendem-se as regiões habitadas pelas tribos entre as quais se acham em uso não somente as redes de fibras de palmeira como as de algodão: assim sucede entre os omaguas, ipurinas, parecís, pimenteiras (e carirys).

Falta a rede em todo o círculo cultural mais antigo assim como quase totalmente no Chaco, totalmente na Patagônia, entre os fueguinos, e também nas culturas andinas e sua zona de influência. Entre as tribos isoladas ela falta nos jivaros, yaruros, bororos, guatós, tambopatas (panos), yuracarés e também entre os guaiaquís (tupi-guaranis), campas (aruaques); entre os carajás aparece (de algodão) mas utilizada à guisa de esteira; entre os varaus que a confeccionam em malhas não é de uso corrente; quanto aos Miranhas e Arhuacos (falta aos primeiros e nos segundos é de material singular)."

A. Métraux ("La Civilisation Matérielle des Tribus Tupi-Guarani") informa:

"Les hamacs des Tupinamba comme ceux des Chiriguano, des Guarayú, des Pauserna, des Varuna, des Chipaya, des Ararandeuana, des Guajajára, des Tembé, des Tapirapé, des Mauhé, des Parintintin, des Auetó et des Munduruku ont leur chaine en fibres végétales et la trame en coton. Les Apiaká et les Omagua confectionnent simultanément des hamacs en coton et en fibres végétales. Toutes les tribus vivant dans le voisinage des Omagua tirent d'une sorte de chanvre 'chambira' la matière première des leurs hamacs. Lorsqu'ills ont pénétré sur le haut Amazone, les Omagua avaient sans doute avec eux des hamacs de coton qu'ils continuèrent à fabriquer tout en obtenant par échange avec leurs voisins ceux de fibres qui ont été trouvés chez eux. Parmi les objets que les Manaves vendaient aux Yurimagua figurent précisément des hamacs en cachibando. Les Caingua et les Curuaya n'ont aujourd'hui que des hamacs en fibres végétales. Rengger rapport cepedant que ceux de la peuplade caingue qu'il a visité étaient entièrement de coton. Les Cayua ou Caingua du Brésil n'emploient que le coton. Adam de Bauve signale le fait intéressant que les hamacs des Emerillon se composaient de lanières d'écorce de maho. Nous avons vu que ceux de leurs voisins et frères de race les Olyampi étaient en coton."

Motivos

Por que as tribos do Chaco não dormem nem usam a rede? Pelo frio no inverno. Lowie, muito naturalmente, indica esta razão:

> "Dans le Chaco, il ne présent pas les mêmes avantages que le lit, car les nuits y sont froides; les tribus qui vivent dans cette région ne peuvent pas le suspendre à l'intérieur de leurs petites huttes et certains se contentent de s'y étendre pendant le jour."[3]

Por isso o tupi dormia com o lume aceso, inevitavelmente. O uso se fixara para os seringueiros na Amazônia, defendendo-se da "friagem", a cruviana, graviana, queda de temperatura brusca pelas madrugadas, fazendo gemer os sertanejos, mesmo das regiões serranas do Ceará, Rio Grande do Norte e Paraíba, enroscados nas redes inseparáveis.

Resta ainda, entre outros aspectos, a geografia da rede acompanhar a geografia do algodão. Complica-se em vez de clarear o assunto. Havia o algodão nativo em todo continente americano, do México ao Brasil, e anterior à vinda do europeu. Era em nhengatú "amaniú". Estendia-se por toda a terra e era utilizado em cem formas, mas a rede não aparecia na freqüência ou coincidência dos plantios espontâneos. Havia rede por haver algodão, mas havia algodão sem que houvesse rede.

E como se teria processado a difusão da hamaca pré-histórica, possivelmente milenar? Os Caraíba chegam primeiro que os Tupi-Guarani e estes antes dos Aruaque. Os contatos maiores dar-se-iam dos dois primeiros povos na área entre Amazonas e as Guianas ou mesmo ao Orenoco, depois um quartel-general aruaque. Caraíba e Tupi-Guarani são afins, tempera-

---

3   Subentende-se que a maioria não usa de rede. Há quem use.

mentais, andejos, belicosos e os elementos de suas culturas sociais são variados e alguns comuns, antropofagia ritual, covada, sepultamentos, organização hierárquica, a deslocação inquieta, as festas da colheita, as aproximações relativas à cerâmica (trabalho feminino), a caça no muquem etc.

Caraíba, Tupi-Guarani e Aruaque pertenciam ao mesmo tronco "Brasílido", descendentes dos protomalaios da quarta "onda" povoadora da América austral (Tomás Pompeu Sobrinho, resumindo e completando as conclusões recentes no assunto).

Certo é que Caraíba, Tupi-Guarani, Aruaque e Cariri eram devotos da rede, mas não a receberam dos avós longínquos, vindos dos mares do Sul, na viagem atrevida para as terras da América.

Foi um presente da terra fecundada.

CAPÍTULO VIII

> *Que tais redes são cômodas o dirão todos os*
> *que as experimentarem, principalmente no verão.*
>
> JEAN DE LERY.

REDE NAS SUPERSTIÇÕES

Perderam-se naturalmente muitas superstições ligadas à rede ou para ela convergidas. Desapareceram no tempo porque o clima propício de atenção e respeito se desfez. Nestes últimos cinqüenta anos as abusões dos "antigos" sofreram impactos definitivos e desagregadores. Já não mais guardam os preceitos que eram patrimônio ágrafo e venerando, intrinsecamente unido às coisas que conhecemos no mundo. As infiltrações solapadoras são diárias e poderosas, abrangendo áreas incontáveis e profundidades imprevistas.

W. Krickeberg adverte para a diversidade de ângulos que o mesmo objeto poderá dispor à observação. A projeção da sombra muda com a deslocação aparente do sol. Não podemos ver a rede talqualmente a viam os olhos velhos dos nossos antepassados.

Rafael Bluteau ainda refere superstições dos Caraíba ligadas às redes de dormir. Nas pontas do tear suspendiam saquinhos contendo cinzas, imaginando que sem eles não duraria a rede. Enquanto a rede era nova não comiam figos para que não apodrecesse a vasilha-de-dormir e nem se serviam de peixes que tivessem dentes agudos porque a rede ficaria cortada e retalhada. Espécie de couvada referente à rede. O ato pessoal refletir-se-ia no objeto em uso, prejudicando-o.

Ainda bóiam alguns "respeitos" contemporâneos. A rede de defunto será enterrada com ele se a moléstia for contagiosa. Não sendo, aproveitam-na, lavando-a ao sol com sete águas e expondo-a ao coradouro durante três dias.

Defumam-na com alecrim ou galho de arruda seca. Armada, deve usá-la adulto homem e não deitar-se imediatamente, mas sentando-se e embalando-se algum tempo. Deitando-se, obedece ao exemplo do morto e segui-lo-á no cemitério.

Mulher é "parte fraca" e criança não se defende do poderoso e mudo apelo do defunto. Têm de esperar que um homem se deite primeiro. Antes, é tabu.

Rede com os cordões embaraçados ou torcidos provoca "nó nas tripas" (obstrução intestinal) em menino novo.

Ninguém se deve deitar ao longo da rede e sim ligeiramente transversal senão "está chamando caixão de defunto". Quem adormecer de bruços deve ser despertado para readormecer "direito". Perigo de não mais acordar.

Rede com todas as varandas para dentro "atrasa" o dono.

Rede que homem dorme não dorme menino, senão pega a "reima" (gênio, temperamento, modos, hábitos, maneiras típicas).

Em rede de moça só moça se deita.

Os catimbozeiros afirmam que muamba "não pega" em rede por causa do balanço. O movimento oscilatório anula as "forças" do feitiço.

Rede de "mestre" (do Catimbó) tem jurema nas "bonecas" *para fechar o sono,* guardando, defendendo.

Quem fuma deitado provoca asma.

Rede de ébrio contagia o vício. Neste particular ouvi várias histórias comprovadoras.

Quem cair de rede beba água em goles vagarosos e em número ímpar *(Numero deus impare gaudet,* Virgilio, Ecloga VIII, 75).

Rede emprestada traz vícios.

Na fazenda "Logradouro" (município de Augusto Severo, Rio Grande do Norte), do meu tio José Cornelio Fernandes Pimenta, as redes de casal podiam ser ocupadas pelos rapazes, hóspedes ou mulheres casadas. Moça solteira, nunca. Podia dar má-tenção.

Rede de menino novo não se torce porque dá cólicas na criança.

Trocando a rede de armador devem revirá-la.

Para dissipar o pesadelo basta bater no punho da rede três vezes.

Para adormecer menino chorão impele-se a rede com o quadril.

USOS E COSTUMES

Quando as redes eram feitas, unidade por unidade, e não em séries, mecanicamente, estavam todas dentro de moldes fiéis às conveniências tradicionais. Os tipos tinham seus destinos, previstos, antecipados, sabidos.

Eram quase sempre "redes de encomenda" e obedeciam aos modelos inalteráveis nas dimensões e cores. Azul, encarnado, amarelo, verde, eram as tonalidades preferidas, evitando-se as que sugerissem tristeza, viuvez, luto, morte, o lilás, o roxo, o negro, para os lavores e bordados ornamentais.

As redes em branco-e-negro tiveram mercado depois de 1889. O comum, antigamente no Nordeste, era a rede branca como a mais vistosa e digna dos ricos pelo aspecto imaculado, exigindo cuidados e desvelos na conservação.

Tradições

As redes de cor não eram as mais caras nem as melhores, prendas de coronéis e fazendeiros, senhores de engenho e vigários colados da freguesia, ou qualquer autoridade mandona. Ficavam nas residências medíocres e menos prestigiosas. O estilo era uma só cor, com nuanças e gradações. Rede com enfeites de mais de uma cor, *apapagaiada,* não merecia aceitamento de gente ilustre. As redes brancas eram as tradicionais da aristocracia rural, com varandas, varrendo o chão. Este era o figurino até a primeira década do século XX. As de cor, entretanto, Von Martius encontrou em São Paulo, tão vulgares quanto as brancas.

Um elemento modificador, de bordados, dimensões e cores, foi a Inspetoria Federal de Obras contra as Secas pelos seus engenheiros e pessoal de escritório, de chapéu de cortiça, polainas e óculos. Encomendando muita rede para levar ("curiosidade do sertão") para os amigos sulistas, sugeriam e impunham gostos pessoais que eram cegamente satisfeitos. Assim nasceram varandas de recortes irregulares, desenhos berrantes, misturas de cores, quatro borlas em vez das duas habituais "bonecas" que já constituíam relativa novidade. Quando se ouvia o engenheiro anunciar o *mandei fazer uma rede,* sabia-se que as modificações participariam da encomenda porque *ficava mais bonito.* E estas modificações ficaram como feições decorativas normais.

No vocabulário popular. Adivinhações

A rede dava ao vocabulário popular imagens classificativas. *O cabra de rede suja* era o preguiçoso, pusilânime, parasita. O sujeito *de rede ras-*

gada o destemido, afoito, airado, boêmio, topando toda parada, sem temor e respeito aos tabus sociais. *Cair de rede baixa* o crédulo, inexperiente, atoleimado, acreditando nas promessas humanas. *Cagar na rede,* a imagem total da covardia, do pavor físico incontido. *Mijar na rede,* sinônimo de meninice notória. *Dormir em rede alta,* "de esperar veado", cautela, cuidado mais ou menos exagerado, suspicalidade, desconfiança, precaução. Fulano *sabe armar a rede,* anúncio de sabedoria, de segurança nos empreendimentos, manter-se na posição conquistada. Não era, como parece, armadilha, emboscada, "trancinha" (como dizem no Rio de Janeiro) para envolver adversários ou incautos. A rede referida é a de dormir e não a de caça, muito pouco usada no Brasil. *Queda de rede é morte de velho. Rede funda guarda menino chorão. Pedir conselho à rede,* dormir no caso, pensar mais longamente, considerar antes de decidir. *Vender até a rede,* desfazer-se do último bem, nada possuir alem do fôlego. *"Aquilo é uma rede",* referindo às moças de namoro fácil, subentende o *de arrasto,* rede de pesca, não escapa nem piabas. *Quem dorme em rede furada amanhece no chão;* negócios suspeitos levam às desgraças. *De rede armada e cachimbo aceso,* a cômodo, instalado à vontade, sem cerimônia. *Vive com a rede nas costas,* andejos, desocupado, vagabundo. *Não há rede igual nem mulher diferente. Toda rede balança. Quem empresta a rede dorme no chão. Molhada como rede de menino novo. Cantiga de rede* (nas escápulas) *faz sono em menino. Rede armada, está chamando. P'ra sono grande não há rede ruim. Quem tem rede se deita e quem não tem, procura. Que é? que é? Uma besta com dois cabrestos? Que é? que é? Solta está parada e viaja amarrada?* (Variante: *"Solta dá trabalho e amarrada agasalho"*). *Que é? que é? Tanto faz andar como não sair do lugar? Se pega na mão e guarda um cristão? De lá p'ra cá e de cá p'ra lá e não sai do lugar?* São vestígios da rede na literatura oral.

Modelos

O tamanho das varandas, com as fímbrias orladas de borlinhas, "bonecas de varanda", figurava como honraria. As redes de escravos, as redes pobres, não tinham varandas. As redes comuns, compradas nas feiras, fabricadas comumente, tinham varandas curtas. Uma alta distinção, anúncio de poderio, era ver-se alguém em rede branca, com as varandas quase arrastando no solo. Como as redes eram feitas sob encomenda unicamente para as pessoas *graduadas* vinham varandas compridas. Essas varandas podiam, ocasionalmente, servir de coberta. Puxando-as, o dono da rede cobria-se, a toda extensão do corpo, com elas, como um toalhado de rendas.

Essas redes, em sua maioria, ficavam guardadas nas arcas do fazendeiro ou senhor de engenho, perfumadas, e surgiam nas ocasiões de festividade doméstica, acomodando os convidados para a sesta feliz depois da refeição.

Orgulho das Franjas

Como todas as coisas têm princípio, devia ter havido, outrora, razão para esta vaidade monopolizadora no tamanho das varandas. A mais antiga que encontrei foi a decisão do Imperador Constante II (317-361) proibindo que em Bizâncio alguém tivesse o atrevimento de usar franjas em toalhas com mais de dois dedos de largura. Pena de morte por sacrilégio à pessoa sacrossanta do filho de Constantino Magno. Não me consta legislação ibérica a respeito, mas o essencial é registrar-se a existência de uma medida imperial na espécie, com o mesmo ciúme dos velhos sertanejos poderosos. Não tenho responsabilidade pelos dezesseis séculos decorridos. É uma breve semelhança que não autorizará dizer-se coincidência. Mas, bem claramente, o tema é idêntico.

O Punho da Rede: Tabu

A soberania dos fazendeiros compreendia a rede como expressão legítima da própria grandeza. *Botar a mão no punho da rede* onde estivesse deitado um desses chefes onipotentes era sinal de privança, intimidade, confiança. Falar segurando o punho da rede era o mesmo que acobertar-se debaixo do manto ducal. O protocolo era a fala de pé, diante da rede, respeitando distância cautelosa. O brigadeiro Dendé Arcoverde, André Cavalcanti de Albuquerque Maranhão Arcoverde, senhor do Cunhaú, nunca permitiu que ninguém pusesse a mão no punho de rede em que estivesse deitado.

Coerentemente, *cortar os punhos da rede* senhorial era um desafio supremo, equivalente a cortar a cauda do cavalo de estimação. Nas guerrilhas políticas, até quase finais do século XIX, surpreendendo um bando inimigo à Casa-Grande indefesa nunca esquecia o chefe de deixar o sinal do atrevimento inapagável: o punho da rede cortado a facão. Era pior que incendiar a casa inteira. *Cortei-lhe o punho da rede,* orgulhava-se o vencedor ocasional até a inevitável represália.

Muitos coronéis sertanejos possuíam redes de uso exclusivo. Só eram armadas quando ele estava em casa. Cangaceiros famosos não se separavam de sua redes. Jesuíno Brilhante nunca dormiu senão na que o acompanhava sempre. Se não a trouxera, dormia no chão. Velhos chefes políticos do Império e primeiros tempos republicanos viajando para cidades grandes metiam a rede na mala como traste indispensável. Hospedados pelos amigos em quartos confortáveis, pediam que armassem a rede habitual. E nela descansavam das sessões pacatas do Congresso Legislativo ou da antiga Assembléia Provincial. Meu Pai dizia que a rede fazia parte da família.

Todos os antigos hotéis nordestinos nas capitais tinham armadores para as redes, atendendo predileções confessadas dos clientes do interior. Era um desgosto haver-se um coronel daqueles com uma cama de casal no hotel. Recordo uma dessas inesquecíveis figuras, o coronel Cristalino Costa, chefe político do Martins, sereno e cortês como um "gentleman", explicando para minha mãe, em nosso desaparecido casarão da Praça Bom Jesus ("Capitão José da Penha", atual) porque deixara o Hotel Internacional, de Evaristo Leitão, superlotado no momento. Não havia lugar para sua rede no cômodo. Havia cama, nova, ampla, bem coberta. *Não estou doente para dormir em cama,* justificava-se o grande chefe, convencido da sua justiça.

Mesmo doentes, ficavam nas redes. Alguns tomavam a cama quando chegava o médico ou visitas de cerimônia. Depois, repunham-se, aliviados, na rede querida.

Ainda nos dias presentes há uma maioria alta de redes no quarto de dormir ao lado da cama bonitona. Serve para "o primeiro sono". Para "refrescar". Para "descansar". Depois vão fazer companhia à mulher. E muitos voltam para a rede, para "acabar o sono".

O conselho dos "antigos" era dormir em rede mais alta do que baixa. Livrava dos animais rastejantes e pulantes, inclusive a pulga, e também dos *"ramos da terra",* enfermidades contagiantes cujo veículo era o vento rasteiro.

O médico Juan Sorápan de Rieros publicou em 1616 a sua "Medicina Española, contenida en proverbios vulgares de nuestra lengua" de que o

Dr. Antonio Castillo de Lucas deu primorosa edição anotada (Madri, 1949). O VI refrão conceitua:

> *Come poco, y cena más;*
> *duerme en alto y vivirás.*

Posição aconselhada para deitar-se

Citando Aristóteles, Galeno, Avicena e suas pessoais observações o Dr. Rieros explicava que a dormida no alto livrava da umidade, responsável pelas "calenturas putridas". E dava mais refrões: *En invierno y en verano, el buen dormir en sobrado*. E ainda: *La teja, cabe la oreja*, a orelha junto à telha.

A regra sertaneja é a rede bem alta para crianças e para adultos que apenas a mão possa encontrar o chão. Um ditado adverte que *queda ruim é de rede baixa*. De rede alta é possível aprumar-se o jeito do cair. Nas baixas não há tempo para a defesa, para "dar um jeito no baque".

Outra "ciência" da rede é dispensar cobertas. A rede aquece sozinha quem nela se acoita. As largas varandas valem por cobertor e mesmo sem elas é fácil enrolar-se um cristão com os panos sobrantes da rede de dormir no quente. Gonçalo Fernández de Oviedo (1526) já registrava o predicado: *y como la tierra es templada, no hay necesidad de otra ropa encima*. Covarrubias informa semelhantemente: *Con esto están seguros de las malas savandijas y frescos. Y también se embulven en ellas, y quedan cerrados como en un capullo, y no les ofenden los mosquitos que son por aquellas tierras mucho más fastidiosos que en éstas* (1611). Naturalmente rede estreita e pensa é instrumento de tortura em noite fria. Por isso o capitão Francisco José Fernandes Pimenta afirmava: *O Diabo preferiu o inferno a uma rede pensa*. O inferno é a casa do Diabo, sempre preferível a qualquer outro ponto. O capitão Chico Pimenta estava fazendo de Satanás uma opinião eminentemente pessoal e bem sertaneja.

O pescador paraibano Xano (Feliciano Gonçalves Simões que Leonardo Mota descobriu na praia de Tambaú, descendo dos coqueiros de cabeça para baixo feito acutipuru) incluía entre as coisas "incômodas neste mundo" a "rede furada" participante do perigo iminente do "estouro no chão".

Versos

Certas coisas neste mundo
Deixa a gente incomodada;
Andar em burro chotão,
Dormir em rede furada,
Tirar espinho com faca
Que tem a ponta quebrada,
Se embrulhar com lençol curto
Em casa mal-assombrada.

Mas a rede aparece como ponto de pesquisa ou de sonhado desejo amoroso:

Esta noite andei de ronda
Como rato na parede.
Procurei, mas não achei
O punho da tua rede.

Esta noite tive um sonho,
Meu Deus! Que sonho atrevido!
Sonhei que tinha na rede
A forma do seu vestido.

Os quatro C dos velhos

Raimundo Nonato da Silva, professor, magistrado, jornalista, grande conhecedor do sertão norte-rio-grandense, lembrava-me que *queda de rede* era "causa mortis" comum aos velhos. Para os sertanejos o velho é ameaçado pelos "três C": Carreira, queda e caganeira. E juntam o quarto C: casamento.

Estudando os "Proverbi Siciliani" de Giuseppe Pitré ("Biblioteca delle tradizioni populari siciliani", t. XIX) Castillo de Lucas encontrou os mesmos em Sicília e Espanha, variantes do brasileiro. *"Li tri C, di li vechi: catarru, caduti e cacaredda*. En castellano es versión literal, referida a las viejas, pues a los ancianos añades, al catarro, caída y cagalera, una nueva C, la de casamientos". Leonardo Mota já registrara ("Cantadores", 1921) como reparo do famoso "Manoel dos Cachorros" cearenses: "Desgraça de velho é três q: queda, qatarro e, falando com pouco ensino, com licença da palavra – qaganeira...".

ENTERRO DE REDE

O enterro de rede ainda resiste por todo interior do Brasil entre a população pobre e residente nos arredores de vilas ou povoados maiores. Era, há meio século, o transporte habitual, mas presentemente o caminhão substituiu vitoriosamente a forma velha que teima em não desaparecer de todo. Ainda no Norte de Minas Gerais, Sul de São Paulo, todo sertão nordestino, a rede, às vezes, carrega o defunto para o cemitério mais próximo.

José Nascimento de Almeida Prado ("Trabalhos Fúnebres na Roça". Notas do Folclore Sul-Paulista, 1947) resume, com pormenor, vasta informação.

"Muito mais interessante é o transporte na rede, que em geral se faz, como já dissemos, quando o morto é pobre ou quando a distância é grande. E se é muito gordo, muito inchado ou muito pesado, o transporte era feito, vários decênios atrás, em carros de bois. Note-se que há 20 anos pelo menos não temos visto mais transporte de cadáveres para os cemitérios em redes. O caminhão substituiu a rede.

As redes para esses transportes são apropriadas, largas, sem franjas e bem fortes, bem resistentes, de fazenda de colchão em geral, com punhos bem trançados, fortes e grossos, para não haver perigo de rebentar na estrada (e se rebenta ou se abre e o corpo cai, o que já tem acontecido, é preciso colocar uma cruz de madeira bem no lugar onde caiu, havendo crendice nesse sentido que no momento não recordamos – Conta-se que para ficar leve o defunto, se ele bebia, dá-se pinga na boca; se ele não bebia, bate-se bem o corpo com varas, que ele fica leve); e para o enterro em rede não desatam as mãos nem os pés, apesar da rigidez.

Fecham ou dobram a rede, trespassando bem, ficando como que ensacado (um espanhol do Norte do Paraná, onde estivemos, dizia mesmo que ia para o cemitério 'ensacáo'), trazendo o 'pau da rede' que em geral já existe guardado também: um pedaço de mastro da festa de São João, São Pedro ou Santo Antônio, pintado assim mesmo como são esses mastros que se erguem na frente das casas, alusivos a essas festas de devoção ou promessa; ou quando não haja mastro, usa-se um palmiteiro ou vara de palmito, guatambu, guassatunga ou mesmo uma haste de peroba; o que seja madeira forte e não muito pesada. Vara essa que é atravessada por ambos os punhos da rede, os quais ainda amarrados num pique feito na parte superior do 'pau da rede', de cada lado.

Além disso, estendida bem a rede, encostado o pau ou vara ao corpo do morto, amarra-se ainda esta no pau, com 'tris atío', com embira ou corda, tão fortemente, que às vezes quando se vai abrir a rede na Igreja ou no cemitério, o rosto do morto está deformado, o nariz amassado, tudo roxo e de mau aspecto, e mesmo bastante não raro.

Com todas estas cautelas, já tem acontecido do pau se partir ou a rede romper-se, em regra quando o morto é muito pesado.

Depois a rede sai, com os pés para a frente, com o mesmo rito e cerimonial já descritos, e as mesmas cenas, sendo acompanhada por alguns da família até a porteira de varas ou portão da saída da casa ou até a estrada ou somente até a porta da casa ou até a mangueira. E nem bem sai o corpo, uma pessoa não da casa nem parente, varre o cisco da casa, que já se acha perto da sala do guardamento, pela porta de entrada, e ainda avista a 'cumitiva'. É uma superstição cujo significado também não logramos descobrir. 'É bão', dizem as comadres.

A rede é acompanhada por grande número de cavaleiros, indo quase todos a cavalo, em marcha sempre acelerada, quase correndo mesmo, num vozerio infernal, 'sui generis', porque aqueles que vão carregar, em arrevesos contínuos, sobretudo se o defunto é pesado, apeiam dos cavalos, amarram as rédeas no pescoço, já junto da rede, porque as caravanas são enormes, às vezes, e têm que atravessar a galope para se aproximar quem vai carregar, por entre os cavaleiros que enchem uma grande extensão de estrada, não raro. E quando se aproximam de uma encruzilhada ou de u'a morada à beira do caminho ou quando encontram ou alcançam alguém, bradam em altas vozes: 'pras alma!' E os moradores da beira da estrada, ou que se alcançam ou se encontram, são obrigados ao ouvir este clamor, ajudando a carregar, por um pouco que seja, sob pena de apanhar, o que já tem acontecido a quem se obstina por teima ou por não saber desses costumes.

O litro ou litros de pinga passam de boca em boca para trás e para diante a uns e a outros, mesmo em marcha.

Em geral, nas encruzilhadas que dão nas moradas próximas e às vezes até distantes da estrada, estão os moradores, patrões e empregados que ajudam a carregar a rede por 'uma ou duas voltas do caminho'.

Nessa demonstração de solidariedade humana e de caridade, entremisturam-se camaradas ou empregados e patrões, ricos e pobres.

E assim é o corpo conduzido à sua última morada, caminho afora, vencendo matas encipoadas, campinas verdejantes, grotas esbarrondadas de fragoas, por atalhos e caminhos, naquele vozerio lúgubre e aquele bamboleio sinistro e ritmado da rede com o corpo, para um lado e para outro e aquelas palavras tétricas dos que se chegam para carregar, de trecho em trecho. É um espetáculo impressionante!

Na hora que a rede parte da casa, ou antes um pouco, vai um 'próprio' para ir à casa do zelador do cemitério para riscar a sepultura e tratar de outras coisas relativas ao enterro, como recomendação do defunto se é próximo da paróquia com padre, ou a chave da Igreja ou Capela, dobres de sino, casa para ir o morto esperar o caixão, conforme já dissemos, enfim, tratar de todas as diligências relativas ao enterramento do defunto. E às vezes, vêm mais dois para fazer "cova", principalmente, como às vezes acontece também, de raro em raro, ir a rede diretamente para o cemitério. Ou esperam para fora, na porta do cemitério ou mesmo dentro, rede arriada e corpo no chão, até ser feito o 'buraco'. Depois tiram o pau da rede o qual fica do lado de fora do cemitério, encostado ou próximo do muro, onde vão fazendo pilhas, desamarrados os atilhos de embira ou de corda, ou mesmo 'cipó bão e bem trocido', abrem a rede, tiram o corpo e depositam na 'cova' e em seguida os infalíveis três punhados de terra são jogados sobre o morto no 'buraco', por cada uma das pessoas, enquanto fora, alguns cavaleiros atendem e vigiam outros cavalos de rédeas amarradas no pescoço, paletós na garupa, dos que estão dentro do cemitério, assistindo dali mesmo, de mais longe ou mais perto, conforme o lugar que foi riscada a sepultura ao enterramento.

A rede é enrolada e amarrada na garupa e volta para o sítio (bem como o lençol que envolve o defunto) e entregue ao dono, se não é propriedade do morto ou de sua casa."

Um mestre no folclore brasileiro, Alceu Maynard Araujo ("Ritos de Morte", Paulistânia, nº 30, 1949) escreve:

"A rede é carregada por duas pessoas, que andam em marcha quase acelerada, fazendo um movimento com o corpo ao qual dão o nome de *galeio:* movimento que dizem eles ajudar a diminuir o peso. De tempos em tempos revezam os carregadores: estes tiram os chapéus quando colocam o varal da rede ao ombro. O que vai na frente coloca-o no ombro esquerdo e o que vai atrás, no ombro direito, facilitando, assim, *o galeio do corpo*. Os pés do defunto estão voltados para a frente. 'Os que saíram da casa devem também entrar com ele no cemitério', é uma praxe que fazem questão de observar. Alceu Maynard Araujo acompanhou um 'enterro de rede' em São Luís de Paraitinga, São Paulo, e fixou a condução num desenho que teve a bondade de enviar para mim.

No Nordeste a rede de defunto é carregada em silêncio. Não há distribuição de aguardente no percurso e sim depois do sepultamento. Os dois carregadores vão num trote miúdo, compassado e rápido, revezados constantemente pelos companheiros do séquito ou voluntários acorridos durante a passagem da condução fúnebre. Nas proximidades das residências, situadas nas margens da estrada, gritam: *Chega, Irmãos das Almas!* A este apelo, de tradicional e secular observância, os moradores abandonam os trabalhos ou mesmo a refeição, e vêm colaborar, levando a rede aos ombros durante algum tempo e distância. O brado, soturno e lúgubre, é de inesquecível ressonância na lembrança dos que o ouviram ao entardecer ou no trajeto noturno: *Chega, Irmãos das Almas! Chega, Irmãos das Almas!*".

CAPÍTULO IX

ECONOMIA DA REDE

Segundo o Serviço Nacional de Recenseamento funcionavam, em 1950, 296 fábricas de rede de dormir, todas no Nordeste e Norte do Brasil.

Dez dividiam-se entre Pará, Amapá e Maranhão, resultados omitidos a fim de evitar individualização de informações, e as restantes 286 pelos Estados seguintes:[1]

Ceará	63
Rio Grande do Norte	42
Paraíba	89
Pernambuco	9
Alagoas	68
Sergipe	15

Não havia indicação do volume da produção. O quadro subseqüente dará a impressão do fabrico em 1950 e valor financeiro, além do operariado.

Em 1956, as 296 fábricas elevaram-se a 378.

Calculo a produção em 487.158 redes. Digamos, realmente, 500.000, porque o cálculo é baseado nas cifras confiadas à estatística e nem todas as Inspetorias Regionais informaram. Ponhamos umas 150.000 feitas e vendidas pela indústria doméstica, cedida aos amigos ou enviadas para vendedores ambulantes. O número das fábricas clandestinas, pequenos grupos de artesanato, é imprevisível e não há Estado nordestino sem uma boa dezena destes núcleos fiéis ao trabalho antigo, feito em casa. São Paulo já não mais possui fábricas de redes, mas as redeiras existem, trabalhando teimosamente e com pequeninos e certos mercados consumidores.

---

1 Documento gentilmente enviado pelo Dr. Artur Ferreira da Silva, Secretário-geral substituto do Conselho Nacional de Estatística, datado de 29 de agosto de 1957 (Documento 126).

CENSO INDUSTRIAL — (B) FABRICAÇÃO DE REDES

DADOS GERAIS DO ESTABELECIMENTO

UNIDADES DA FEDERAÇÃO	ESTABELE-CIMENTOS	CAPITAL APLICADO (Cr$ 1.000)	EM 1-1-1950			ANO DE 1949			
			PESSOAL		FORÇA MOTRIZ (c.v.)	MÉDIA DE OPERÁRIOS	SALÁRIOS E VENCIMENTOS		CONSUMO	VALOR DA PRODUÇÃO
			Total	Operários			Total	Operários	CR$ 1.000	
BRASIL	296	2 378	1 227	904	2	996	1 770	1 642	11 119	18 354
Pará	»	11	46	43	—	39	122	98	228	300
Amapá	»	»	»	»	—	»	»	»	»	293
Maranhão	»	23	26	17	—	17	22	22	130	—
Ceará	63	628	360	288	1	310	463	463	4 214	5 903
Rio Grande do Norte	42	419	155	108	1	108	278	226	2 023	3 625
Paraíba	89	873	383	288	—	363	655	619	3 078	5 149
Pernambuco	9	99	51	41	—	40	100	100	333	665
Alagoas	68	180	159	91	—	91	38	38	639	1 531
Sergipe	15	145	47	28	—	28	92	76	474	888

(») Resultados omitidos a fim de evitar individualização de informações.
Fonte — Serviço Nacional de Recenseamento.

Centenas e centenas de teares de madeira, que resistem em uso desde meados do século XIX, continuam obra silenciosa e tenaz nas mãos pacientes de anciãs e moças-velhas, sabedoras do ofício, espalhadas pelos sertões do Brasil. Assim, no Mato Grosso e em Goiás, Bahia e Pernambuco, as redeiras fiam e tecem sem que seja possível precisar o número destas Aracnés caboclas.

Nesta indústria particular é que se tecem as redes de encomenda, de fatura cuidada e lenta, bordadas em relevo, franjadas de seda, com mamucabas que são obras-primas de paciência e acabamento primoroso. Custam, no mínimo, Cr$ 5.000,00 a Cr$ 10.000,00, como já as tenho visto e admirado. As fábricas não aceitam estes encargos que exorbitam do seu maquinário e não compensariam sair da escala padronizada da produção. O artesanato é o produtor e mantenedor destas redes, chamadas "redes de presente", ofertas significativas e caras para pessoas de gosto e posse. Tecem também, e mais escassamente, redes singelas e de pouco preço.

As redes oscilam entre Cr$ 180,00 a Cr$ 620,00, segundo informação da Fábrica de Redes Santo Antônio Ltda., de Mossoró. Na vendagem os preços sobem.

Pagam de impostos, no Rio Grande do Norte, 4% *ad valorem,* como "Vendas e Consignações" (pelo Estado) e mais 1,1/2 de "Indústria e Profissão", na Prefeitura de Natal. Existe a *taxa de Bombeiros,* mais 2% no valor do imposto, cobrada em "Vendas e Consignações". Não sei dos impostos municipais e semelhantemente no resto do Brasil fiscal.

O Sr. Octacilio Negreiros Pimenta, de Mossoró, informa, entretanto:

> "Especialmente para o Nordeste e Norte, uma rede é mais necessária numa casa que uma cadeira, pois ao pobre as cadeiras são feitas por ele mesmo, com tábua de caixão, e a rede terá de ser comprada, do contrário dormirá no chão. Ressaltando-se isso, como é que se explicam que os nossos legisladores (os quais comumente legislam em causa própria), determinam o Imposto de Consumo de 10% para as redes e em 6% para as cadeiras? e cadeiras comum, tipo Gerdau. Que disparate!..."

E é mesmo.

Oficialmente são produzidas 500.000 redes que, ao preço médio de Cr$ 200,00, valerão cem milhões de cruzeiros, cada ano. O "oficialmente" denuncia que não podemos fixar o número exato da produção, compreendendo a indústria caseira. Esta se divide em duas seções. Na primeira, a redeira tece redes para o uso da família e da parentagem, recebendo o material e pequeno pagamento. Na segunda, redeiras tecem peças por conta de fábricas, pagas por unidade. As fábricas utilizam estas partes na rede. Estas peças são mamucabas, tranças, varandas, empunhamento, pregamento das varandas etc.

A Fábrica Santo Antônio, no Mossoró, tem 35 operários, mas no serviço externo paga a colaboração de 600 a 700 pessoas. A economia social, determinada pela indústria da rede, é mais vasta e sensível do que podemos prever e para ela a mão-de-obra privada é quase essencial, levando para os lares pobres auxílios financeiros indispensáveis. Este angulo nunca mereceu exame e menos atenção estimuladora dos governos, estaduais e municipais, surdos e cegos à necessidade do barateamento e aumento da produção da "cama popular", útil à campanha do saneamento das populações rurais e semiurbanas.

Não é possível prever o número das pessoas que trabalham para as indústrias da rede e ganham, mesmo utilizando as horas da folga da tarefa profissional. As informações, de todas as paragens da geografia redeira no Brasil, são unânimes em afirmar a impossibilidade do cômputo quanto às indústrias particulares, escondidas e tenazes, na fabricação das redes.

Junte-se também a existência de fábricas, com maquinismos, e funcionando bem longe das verificações fiscais e estatísticas.

Aderbal de França, então Inspetor Regional da Inspetoria Regional de Estatística Municipal no Rio Grande do Norte, colaborador incomparável, teve a bondade de oficiar às demais Inspetorias solicitando dados sobre o assunto que eu estudava. Graças ao Aderbal de França, e aos Inspetores Regionais que o atenderam, foi possível a informação utilizada nesta parte da pesquisa.

Ceará – 63 fábricas em 1950 e 36 em 1956. Produção de 353.682 redes, não contando as do fabrico doméstico, postas igualmente em circulação venal. As principais fábricas estão no Crato (1); Fortaleza (13); Jaguaruana (17); Quixadá (4); e Russas (1). Informação do Inspetor Raul de Figueiredo Rocha. Tomás Pompeu Sobrinho informa-me que:

> "Nos primeiros anos da República, eram ainda muito procuradas as redes da região de Cachoeira e Riacho do Sangue, agora Solonópolis e Frade. Eram também afamadas as de Sobral e, em segundo lugar, as de Iguatu e Icó."

Rio Grande do Norte – Em 1950, 42 e em 1956 apenas 4, três no Mossoró e uma em Currais Novos. Das mossoroenses uma fabricou 20.000 e outra 6.304 redes. A primeira, Fábrica Santo Antônio, vende para o interior do Estado, cidades do Recife e Rio de Janeiro, Pará, Maranhão, Amazonas, Mato Grosso, Amapá e Rondônia (ex-Guaporé).

Paraíba – As 89 fábricas paraibanas de 1950 passaram apenas a 15 em 1956, mas estas com maquinismos. O inspetor regional Francisco Valadares Filho informa-me que as quinze fábricas distribuem-se pelos municípios de Caiçara (vila de Duas Estradas), onde há uma; duas em Campina Grande; três em Guarabira; três no Sapé; uma no Picuí; uma no Esperança e quatro no Brejo do Cruz, no povoado de São Bento. O total das redes fabricadas em 1956 elevou-se a 76.687 no valor de Cr$ 7.779.101,00.

Mato Grosso – O inspetor regional Cid Craveiro Costa não apenas enviou a informação solicitada como escreveu um pequeno e claro ensaio sobre "Usos e Costumes Mato-grossenses. A Rede de dormir", que inclui na Antologia, documentário excelente no assunto. O grande município produtor é Várzea Grande. As redes custam de Cr$ 500,00 a Cr$ 800,00 e as "de luxo" alcançam cinco a oito mil cruzeiros. A produção, caseira e disseminada, não é susceptível de estatística segura, indo, porém, a mais de duas mil anuais, fora as adquiridas no Nordeste, Ceará, sobretudo.

Alagoas – 68 em 1950. 191 em 1956. O inspetor José Franklin Casado de Lima informa que "não temos fábricas propriamente ditas e, sim, indústrias manuais em sítios e povoados". Estão localizados nos municípios de Água Branca (12), Delmiro Gouveia (160) e Mata Grande (19). Produção no valor de Cr$ 4 5.726.200,00.

Sergipe – 15 em 1950. 10, em 1956, localizadas no município Lagarto. Os proprietários são todos femininos. O inspetor Valmir de Meneses Prata acrescenta:

> "Indústria de tecelagem manual e rotineira. Há ainda um grande número de pessoas, ocupadas em tecer redes em teares rústicos de madeira em suas próprias casas para os Estabelecimentos acima enumerados. A produção é de 4.280 rede de dormir."

Piauí – 192 fábricas em 1956. Produção de 26.205 redes no valor de Cr$ 3.375.291,00. O inspetor Benedito Afonso de Lima escreve:

> "O município de Pedro II é o que mais conta com produtores de redes em todo o Estado. Ocorre, porém, que não há ali fábricas especializadas. As redes são fabricadas a mão e têm todas as características de indústria caseira. São, contudo, as melhores redes para dormir que se fabricam no Piauí, tornando-se Pedro II o centro fornecedor de redes para quase todos os municípios do Estado e ainda para outros Estados. Redes de luxo, para presentes, de perfeito acabamento, são também fabricadas em Pedro II e adquiridas para pessoas residentes em São Paulo, no Rio, Bahia, Recife, Fortaleza e outras importantes cidades. Além de redes para dormir fabrica-se no Piauí regular quantidade de redes para repouso, em geral utilizando como matéria-prima o tucum. Tais redes não são objeto de levantamento estatístico."

Maranhão – As informações particulares afirmam que a rede é soberana no Maranhão e o Recenseamento de 1950 indicava a existência de fábricas. O inspetor Arthur Dias de Paiva esclarece:

> "... não há fábricas de rede de dormir ou de quaisquer outros fins. Muito embora exista grande fabrico de rede de dormir em certas regiões do Maranhão, o mesmo provém da produção doméstica, a qual, geralmente, é uma ocupação subsidiária, feita, portanto, no intervalo da ocupação principal, inclusive afazeres familiares. Assim, existe grande número de pequenos 'produtores', cada qual com uma produção ínfima, o que impossibilita ser conseguido um resultado positivo".

Pará – Outrora eram famosas as redes de Mazagão. Neste 1957 existe apenas uma fábrica em Belém. É, sabidamente, grande mercado de redes nordestinas, verdadeiro e legítimo leito popular, balançando-se por todo Estado. O inspetor Francisco Cronje da Silveira informa: "As nossas redes vêm todas do Nordeste."

Amazonas – A indústria das redes legítimas era tradicional e mesmo com mercado exterior. Em 1820, Von Martius encontrou no Rio Japurá uma grande atividade, com milhares de redes para todo o Rio Negro, Pará e boa parte para as Antilhas (Ilhas Ocidentais). Presentemente é mercado das fábricas nordestinas. Há pequena fabricação local de redes da fibra do tucum ("Bactris setosa", Mart) nas localidades de Santa Rita do Weil, Vendaval e Acaratuba. O inspetor Adão Oliveira Medeiros informa:

> "No município de São Paulo de Olivença, distrito de Santa Rita do Weil, são fabricadas redes de uma fibra nativa denominada "tucum", extraída das matas pelos índios que habitam naquela região. Tal trabalho, conquanto não seja industrializado, é executado em pequena escala e com perfeição admirável, no qual se notam desenhos exóticos de pássaros e animais silvestres, bandeiras, flores e outros, constituindo objetos raro e de grande aceitação onde quer que se apresente."

Macapá – Não há no Território fábricas, mas as redes são populares e adquiridas no Nordeste. O inspetor Clóvis Penna Teixeira informou "não existir neste Território ocorrências que possam atender à sua solicitação".

Rondônia – "Não existe neste Território indústria de redes de dormir, sendo todavia, seu uso bastante generalizado", informa o inspetor José Bezerra Duarte.

Goiás – Escreve o inspetor Célio Fonseca:

> "... neste Estado inexistem fábricas de redes de dormir, mas, apenas, sabe-se que na zona Norte, onde o seu uso é generalizado, confeccionam-se redes em trabalho isolado. Daí não ser do conhecimento desta Inspetoria particularidades do assunto".

Paraná – R. Nobre Passos, inspetor regional, informa que "não existe, no Estado do Paraná, estabelecimento que se dedique à fabricação de redes de dormir".

Espírito Santo – O inspetor Adolfo Frejat escreve: "Neste Estado não existem fabricantes de redes de dormir."

* * *

As redes primitivas tiveram grandes malhas que as aproximavam das de pesca. Estas malhas foram diminuindo com o correr do tempo e as hamacas ficaram mais confortáveis com o tecido mais cerrado e compacto.

Os fios passavam em volta reforçadora, lembrando o processo da cestaria, e esta fatura Erland Nordenskiöld estudou entre os Ashluslay do Grão-Chaco, denominando *Technik 4c R. M.* e ainda é do conhecimento popular para as redes de tucum ("Bactris setosa", Mart) ou de croatá, nos vários gêneros desta bromeliácea, tecidas no Ceará, Piauí e Amazonas.

Jean de Lery, que residiu no Rio de Janeiro de março de 1557 a janeiro de 1558, fixa rapidamente o tear de madeira utilizado pelas indígenas.

Era perpendicular e não horizontal como os europeus, e da altura da tecedeira, na média do 1,60. Ali dispunha-se o fio de algodão, fiado em fuso rústico, e a tarefa começava de baixo para cima, da parte inferior para a superior.

Esse tear pertence ao tipo que Nordenskiöld, apoiado em Max Schmidt, indicava como pertencente e divulgado pelos Aruaques, espécimen legítimo da *Aruakkultur,* não existente no Peru e que não poderia ter sido introduzido pelos Brancos e nem pelos Negros.

O registro de Jean de Lery é de uma fase já adiantada do trabalho tecelão, denunciada pela presença do tear de madeira e trama do pano obtido pela mulher indígena.

Um processo que deveria ser dos iniciais, muitíssimo anterior a qualquer outro, resistiu às modificações técnicas e veio atravessando o tempo até que o Conde de Stradelli o registrou, em fins do século XIX, no Rio Negro, justamente grande mundo dos Aruaques.

Pela simplicidade da forma e precariedade dos elementos exigidos para tecer-se uma rede, a técnica registrada por Stradelli deve ser uma das primeiras, anteriores à concepção do tear.

É a fabricação da KISAUA, quisaua, a rede do Rio Negro, tão popular e comum.

> "Basta um bom novelo de fio e dois paus para conservar esticados os fios, passados neles, como se se quisesse fazer uma meada. Posto o número de fios conveniente, se prendem com as travessas por meio de nós de trança. Feito isso, passa-se uma corda no lugar onde estão os paus, e ao desarmá-la se tem a rede pronta para servir."

Por aí começara o indígena a fabricação da sua hamaca.

Em princípios de 1820, Von Martius deparara no rio Japurá uma intensa fábrica de redes de dormir, de tucum. Eram vendidas para todo Rio Negro e até o Pará. *Dizem que alguns milhares delas vão ao mercado anualmente, sendo parte remetida para as Índias Ocidentais,* anota o naturalista. Esta exportação de redes amazonenses para as Antilhas diria que um secular e tradicional mercado resistiu, no consumo das hamacas do extremo norte brasileiro, até as primeiras décadas do século XIX.

Von Martius descreve o processo e é coincidente com o registrado pelo conde de Stradelli, setenta anos depois. Escreve Von Martius:

> "Sobre dois paus redondos, de cinco a seis pés de comprimento, os fios são esticados, para formarem a urdidura, de modo que fiquem paralelos como as cordas de harpa, um junto do outro. Esses dois paus são fixados numa estaca, enterrada a prumo ou na parede da cabana, e as índias, tecem, então, por meio de um pauzinho alisado, que faz as vezes de lançadeira, dois outros fios, como trama paralela, em geral distantes um do outro, e da largura da urdidura. Exatamente igual é o processo dos Tecunas; mas as redes dessa tribo têm, entretanto, a trama de algodão. Outras nações fabricam as redes (em tupi *kyçaba*) com urdidura cruzada. Redes pintadas e guarnecidas com penas de aves, não as encontrei no Japurá, porém os índios bem sabem embeber os fios em resistentes tintas vegetais."

O tear perpendicular aruaque foi o responsável pela indústria das redes de dormir. Recebeu pequenas modificações pelo contato com os teares de Portugal. Já na primeira metade do século XVII as mulheres portuguesas teciam redes e por elas tivemos os acréscimos nas hamacas tradicionais.

As velhas inis indígenas não possuíam varandas nem os cabrestilhos eram reforçados pelo duplo travessão das mamucabas. As varandas tiveram a influência dos panos com os desenhos geométricos ou figurativos, tão comuns e famosos no Norte de Portugal, no trabalho dos bordados e dos labirintos. As mamucabas de reforço teriam surgido quando a rede se tornou veículo de transporte, palanquim de rede ou serpentina, ganhando durabilidade indispensável para as jornadas de léguas aos ombros dos indígenas ou escravos negros.

* * *

Ao lado do serviço no tear o fabrico da rede não pode dispensar o auxílio de uma colaboração suplementar, tarefas especiais realizadas à parte. As varandas, as franjas e bonecas das varandas, as mamucabas e suas borlas (bonecas), pregamento, reforço dos punhos, o delicado e paciente labor nas redes de luxo, bordados coloridos e, nas missões católicas, as obras-primas de acabamento, utilizando penas de aves, combinadas e de efeito incomparável, a ciência do tingir, cores fortes, o desfiado das franjas, nuanças, mais outros serviços, são alheios ao tear e sua manejadora.

Daí a indústria, mesmo mecanizada, das redes exigir um número de operários bem mais vultuoso que o oficialmente tabelado na oficina. Decorrentemente a rede é um auxílio real às populações pobres e ainda por seu intermédio resiste heroicamente o artesanato, face a face ao maquinismo. Assim como na ciência da Jangada a máquina ainda não conseguiu determinar sua participação por mínima que seja, sendo entregue à mão nua do homem toda a construção e aparelhamento, na rede o velho tear aruaque é um centro de interesse cuja irradiação é o grupo doméstico ligado ao mister comum.

A economia da rede, decorrentemente, é uma das mais distribuitivas e humanas, merecendo valorização atenta e carinhosa daqueles que, unidos no poder, desejem governar com justiça.

CAPÍTULO X

Mosquiteiro. Ameríndio ou europeu?

O mosquiteiro é o cortinado de filó, tule, qualquer fazenda transparente, envolvendo a cama ou a rede de dormir (hamaca) para proteger contra os mosquitos.

No Brasil a rede de dormir (hamaca) não obriga, comumente, o mosquiteiro.

Nas cidades, as redes de menino novo são resguardadas com filós e cambraias, livrando-os dos mosquitos teimososo, muriçocas beliscadeiras e moscas impertinentes. O mesmo ocorre pelo interior do país nas casas com alguns recursos financeiros. Mas a rede para adulto dispensa o mosquiteiro e sempre dispensou.

Esta informação, quando ao sertão, é recente porque a divulgação maciça é posterior a 1913-1914. Antes sua presença era raríssima, mesmo nas residências abastadas das vilas e fazendas com casa-grande confortável.

Na época do inverno, junho, ou com as *primeiras águas* ("certo como chuva em janeiro", dizia-se outrora) os mosquitos apareciam, numerosos. O remédio era fechar o aposento antes de acender as luzes. Certamente eram os mosquiteiros conhecidos pelas pessoas vindas das cidades e algumas compravam e levavam para o sertão. Creio constituir mais uma curiosidade e semiluxo que objeto de tradicional necessidade e usança.

A técnica seguida e velha era a fumigação, defumando-se a camarinha com a queima de folhas de jurema, angico, mulungu, secas e, às vezes, misturadas com farinha. A farinha de mandioca dava um fumaceiro irrespirável, mas inferior ao excremento de gado, muito mais eficaz.

A tradição não trouxera o mosquiteiro como peça de uso regular. Mesmo nas capitais do Nordeste não era comum nos primeiros anos do século XX.

Os indígenas litorâneos, mais conhecidos dos colonizadores, aliados e vítimas, não tinham mosquiteiros. Dormiam em redes ("inis"), com um pequenino fogo aceso, aquecendo e afugentando os inimigos noturnos, insetos e fantasmas.

A pintura de urucu ("Bixa orellana", L) e jenipapo ("Genipa americana", Lin) era defesa relativa, cobrindo o corpo de vermelho-sangue e azul-negro. Humboldt diz que não e Karl von den Steinen diz que sim. Os cronistas do Brasil colonial, registrando os costumes dos tupis, desde Hans Staden, não falam nos mosquiteiros. Dormiam nas suas inis, quisáuas, com a figueirinha apropinquada.

Os oficiais da admirável Comissão Rondon, furando o sertão do Mato Grosso durante anos e anos, conduziam mosquiteiros e notavam sua ausência entre a indiada. Assim me dizia o tenente-coronel Manoel Teófilo da Costa Pinheiro (1872-1930), o explorador dos rios Jaci-Paraná, Juruena e Cautário.

A pesquisa de Nordenskiöld

Há, entretanto, documentária sobre o mosquiteiro sul-americano e de uso mais ou menos normal nalgumas tribos. O inesquecível Erland Nordenskiöld escreveu um estudo, perguntando se "La Musutiquaire Est-Elle Indigène en Amérique du Sud?" ("Journal de la Société des Américanistes de Paris", Nouvelle série, t. XIV, 1922).

Crê Nordenskiöld que o mosquiteiro seja de origem indígena no Alto Amazonas onde Francisco de Orellana o viu, segundo Oviedo:

"papellones ó toldos que cada uno avia hecho de las mantas de algodon que teníamos para poder dormir".

Mas frei Gaspar de Carvajal, companheiro de Orellana na descida do rio (1541), guardou silêncio a respeito deste elemento.

Seguem-se os Mainas, na relação de Cristóvão de Savedra (1620), citando as tendas, *barbacoas con toldos*. Hiriarte, vinte anos depois, vê mosquiteiros entre os Capinas, do Alto Amazonas, vizinhos dos Cambevas (Omaguas) e Laureano e La Cruz (1653) cita-os como usuais aos mesmos Omaguas,

"toldos de lienzo de que tambien ellos usan, aunque de diferente materia, porque los hacen de los desechos de las mantas y camisas de que se vistem".

La Condamine informa que os indígenas desta região não viajam *point sans un pavillon de toile de coton* (1743). Ribeiro de Sampaio navega o Alto Amazonas, 1774-1775, inteiramente desprotegido de defesa contra os mosquitos.

No Orenoco, a notícia é semelhante. Alonso Herrera, espanhol, não conhece mosquiteiros e sofre os ataques dos insetos. Joseph Gumilla fala que os Otomacos empregavam pavilhões de folhas de palmeiras para resguardo dos mosquitos, no segundo terço do século XVIII. Ainda em 1820, Von Martius cita este tipo de resguardo no Rio Japurá. Felippo Salvatore Gilij registra identicamente, mas considera uma precaução bem medíocre. Humboldt diz o mesmo, sem atinar com as utilidades do mosquiteiro. Nordenskiöld pensa que Humboldt possuíra mosquiteiro sem as dimensões suficientes e mesmo não soubera adaptá-lo à rede de dormir, o que me parece perfeitamente lógico.

> "Il est clair que même à son époque, les Blancs n'avaient pas régulierement l'habitude, dans ces régions, de dormir sous une moustiquaire, escreve o mestre de Göteborg."

Nos primeiros anos do século XX, Max Schmidt encontra o *mageetó,* rede de fibra de palmeira tucum ("Bactris setosa", Mart), traçada, como defesa contra os mosquitos, trabalho dos Guatós do Alto Paraguai. Alcide D'Orbigny vira mosquiteiros entre os Iuracares na Bolívia, feitos de casca de árvore, batida. Nordenskiöld colecionou em 1908 estes mosquiteiros, *mitúpia,* que abrigavam uma família inteira. Os dos Guatós e Iuracares são idênticos, denunciando origem comum. A notícia mais antiga é de D'Orbigny, 1826-1833. Os missionários estabelecidos no Mojos tinham mosquiteiros como os daqueles indígenas. Mas, curiosamente,

> "les Indiens n'avaient pas d'autre protection contre les moustiques que la fumée des feux de campement".

Conclusões

Conclusão de Nordenskiöld:

> "De ce qui précéde, il semble ressortir que dans le région du Haut Amazone et aussi dans celle de l'Orénoque, les Indiens se servirent probablement de la moustiquaire avant les Blancs. Il est même croyable que les moustiquaires employées par les Guató et par les Yuracáre sont d'origine indienne."

Por que o mosquiteiro não se difundiu por todas as regiões onde ocorriam os mesmos elementos determinados de sua criação e uso? Nordenskiöld responde que o uso não se generalizou porque o mosquiteiro exige uma grande quantidade de tecido e para muitas tribos faltou o material. Certos tecidos delicados e perfeitamente próprios para o objeto em questão eram fabricados pelas tribos de regiões civilizadas do Oeste e justamente aí o mosquiteiro não foi registrado pelos etnógrafos.

A maioria indígena da Bolívia dorme sob o mosquiteiro, mas o compra aos comerciantes. Trabalham às vezes um ano inteiro para receber uma dessas peças.

O indiscutível, declarado por Nordenskiöld, é o seguinte:

> "Le moustiquaire ne fut pas très répandue en Amérique du Sud avant qu'on eût commencé à y importer de grandes quantités de tissus minces et de fabrication à bon marché, et les Indiens, rémunérés par leur travail, particuliérement dans l'industrie du caoutchouc, furent à même d'en acheter de grosses quantités."

Note-se bem que entre os indígenas que não foram ainda *rémunérés par leurs travail* e mesmo cercados de palmeiras, com entrecascas esplêndidas e empregadíssimas para peças de sua economia doméstica e mesmo algodão com que fabricam rede de dormir, o mosquiteiro não aparece, em fins do século XIX e primeira década do XX.

Defendem-se dos mosquitos, sabidamente, pela untura do urucu e jenipapo, certas argilas de cor, convergência com a técnica poderosa da decoração pessoal e tribal; fazendo cochicholos de ramadas onde passam as noites, vários exemplos citados por Nordenskiöld no baixo Orenoco, Recuénas da Guiana, Campa do Rio Ucaíali, Huaníam do Guaporé; defumações (técnica comuníssima no Nordeste do Brasil, na região dos sertões); dormir em plataformas elevadas (indígenas do Guaiaquil); defesa provisória, enterrando-se parcial ou quase totalmente na areia, como os indígenas do Cumaná, Chimane da Bolívia, pescadores de jacarés no Departamento de Madalena, na Colômbia, todos recordando o processo de Pizarro e seus companheiros, os quais segundo Antonio de Herrera, *se enterraban en la arena, hasta los ojos*.

Os naturalistas, que exploraram as regiões naturais do Brasil no século XIX, contam mais ou menos semelhantemente. Os que levaram mosquiteiros fazem o elogio, mas não o vêm noutras pessoas. E vêm plantações de algodão, rede de dormir, peças de vestuário, calções, barretes, faixas, tecidas primorosamente com fibras vegetais. E sempre o mosquito é o soberano atormentador, merecendo páginas de soberba indignação como as do Conde de Castelnau em 1843. Compare-se a ausência do mosquiteiro com a expansão rápida da rede de dormir, a hamaca que é ainda uma "permanente" sul-americana.

Oviedo, narrando a jornada de Orellana, registra o episódio em que os espanhóis para poder dormir, faziam uma espécie de toldo, coberturas fingindo tendas pequeninas, tipo barracas, com as mantas de algodão que conduziam.

Não se fala que os indígenas tivessem o mesmo hábito ou tentassem imitar os castelhanos, livrando-se do mosquito onipotente.

Sabe-se, subseqüentemente, que as "barbacoas" dos Maínas, Capinas e Omáguas, são estes toldos improvisados. O registro de Laureano de La Cruz é nítido. O missionário e seus companheiros fazem toldos *de lienzo* (panos de linho) *de que tambien ellos usan, aunque de diferente materia, porque los hacen de los deshechos de las mantas y camisas de que se vistem*. Se os indígenas, que seguiam os missionários, tivessem o mosquiteiro como uma peça comum e própria, não o faziam desfazendo suas mantas e camisas e sim empregando material tradicional e adequado. É visível a imitação indígena ante a sugestão dos toldos abrigadores, feitos pelos estrangeiros.

Creio, até prova em contrário, que o mosquiteiro é elemento alienígena, trazido pelo europeu que, há milênios, o conhecia. O mosquiteiro, acidentalmente usado pelo ameríndio, desde a primeira metade do século XVI (Oviedo, Carvajal nada diz), resulta de construção imitada pelo modelo improvisado ante seus olhos pelo homem branco. Tanto não se integrou o mosquiteiro na vida indígena que este o adotou, comprando-o, séculos depois, com o dinheiro ganho na exploração da borracha. Em caso contrário fabricá-lo-ia natural, forçosa, logicamente, como fazia e ainda faz com todos os objetos necessários ao seu relativo conforto, rede de dormir, vasos para bebidas, ornamentos, armas etc.

Certo é que o mosquiteiro não é muito popular na Europa. Nunca o deparei em Portugal, na Espanha, no sul da França e nas regiões das lagunas italianas onde há (ou havia) tanto mosquito zumbidor. Mas o conhecimento é bem velho e o registro antiquíssimo.

Heródoto, Euterpe, XCV, descreve o mosquiteiro no Egito no quinto século antes de Cristo. Para livrar-se do mosquito o egípcio recorria às redes finas, impenetráveis aos insetos.

"Apanham com rede durante o dia os insetos como pesca e, à noite, para defender-se no seu aposento, rodeiam sua cama com estas redes e dormem tranqüilamente. Singular é que se dormem cobertos com suas roupas ou envoltos com seus cobertores, os mosquitos atravessam o tecido com suas mordiduras, ao passo que fogem tanto da rede que nem um se atreve a passar por uma de suas aberturas."

Há no Extremo-Norte e no Brasil central a tradição de que as feras noturnas, especialmente as onças ("Felis uncia", "Puma concolor", "Panthera onca", "Puma concolor concolor") são incapazes de assaltar um mosquiteiro que as amedronta. Nordenskiöld registra, fielmente, que os jaguares, que chamamos "onças", *n'osent généralement pas attaquer un homme couché sous une moustiquaire*.

Heródoto escrevia na primeira metade do século V antes da Era Cristã e é tido como o mais antigo documento sobre o mosquiteiro. Creio poder citar elemento bem anterior. Num "Canto de Amor", escrito em papiro e óstracas, na época do faraó Setos I, mil e trezentos anos antes do nascimento de Jesus Cristo, a donzela enamorada alude categoricamente ao mosquiteiro: *Colgaré en los árboles mi mosquitero,* canta ela ("Cantos y Cuentos del Antiguo Egipto", 172, Ed. Revista de Occidente, Madri, 1944). Treze séculos antes de Cristo o mosquiteiro era conhecido e popular no Egito.

Heródoto não deu nome ao mosquiteiro egípcio, mas o grego, que o recebeu, denominou-o *konopeíon,* de *konops,* mosquito. É o *Canopeum* romano, *linum tenuissimis maculis nanctum,* envolvendo os leitos. Alguns eram bordados e ricos e o da rainha Cleópatra figurou entre os estandartes de Marco Antônio, na batalha de Ancio, indignando a inspiração poética de Horácio ("Epodos", IX) e que o tradutor Léon Halevy verteu *conopium* para pavilhão, no sentido de bandeira, estandarte, flâmula, guião militar. De peça defensiva do leito passou a confundir-se com o próprio leito, e assim é que o vemos no Livro de Judit, X, 19 e XIII, 10.

Sua popularidade na Europa não parece muito intensa e razoável.

Indiscutivelmente o uso, conhecido, sugeriu ao explorador castelhano de 1541 abrigar-se contra as insolências disfônicas dos mosquitos amazônicos. O indígena, sempre que lhe dava no juízo, improvisava, com o material à mão, o que via fazer e tanto servir contra o inimigo zumbidor e comum.

Henry Koster que em 1810 viajou do Recife até Fortaleza, ida e volta pelo sertão e descreveu a viagem num volume delicioso ("Travels in Brazil", Londres, 1816), conta sua tortura pernoitando à margem da Lagoa do Piató, no Assu, Rio Grande do Norte, assaltado pelas nuvens de mosquitos e defendido pela cortina de fumaça acre do excremento do gado.

Perto dele estava o comandante do Distrito, capitão-mor Antonio Correia de Araújo Furtado, rico, poderoso, chefe de centenas de homens, também queimando bosta de boi para repelir o mosquito incontável. O mosquiteiro era inexistente.

Nunca deparei menção do mosquiteiro nos inventários nordestinos mesmo nos finais do século XIX. Nem bandeirante paulista menciona tal peça quando arranca para o sertão ou enumera as posses na hora triste dos arrolamentos por morte.

Nas residências da vila de São Paulo, pelos olhos de Alcântara Machado e do meu saudoso Belmonte, vejo cortinados nas camas. As de mais luxo compreendem o sobrecéu que era dossel, caindo em pequenas franjas, mais de enfeite que de utilidade, ao redor do teto do leito. O cortinado, vindo de cima a baixo podia defender do mosquito, mas seu espesso tecido, ornamental, devia levar a temperatura ao ponto de fusão. Enfim, o mosquiteiro, raro, raro.

Não tenho do mosquiteiro senão um nome tupi, *Urucari,* registrado pelo Conde de Stradelli no Rio Negro. É sinônimo da palmeira *Attalea excelsa* e denuncia o emprego de sua fibra no traçado que se destinou a um mosquiteiro copiado do modelo europeu.

Karl von den Steinen nas duas excursões aos rios formadores do Xingu, em 1884 e 1887, vive com uma boa dezena de tribos Caraíba e Aruaque e não depara um só mosquiteiro. Verificara, entretanto, o conhecimento do traçado de fibras de palmeira, fiação de algodão e abundantes redes de dormir.

No estudo de sua segunda viagem, alude, prazenteiro, à defesa cautelosa com que se premunira contra os mosquitos:

> "O mosquiteiro que, estendido por meio de algumas varas finas, circundava a nossa maca como uma tenda arejada de gaze, oferecia um abrigo seguro; aumentava a satisfação de repouso quando, com alegria maliciosa, se ouvia ressoar fora do mosquiteiro, numa proximidade pavorosa todavia, aquela música fina com seu diminuendo descontente e com o seu crescendo ameaçador. Escrevíamos, desenhávamos, calculávamos e vadiávamos assim, de baixo do mosquiteiro."

Os indígenas com os quais fraternalmente conviveu, nada sabiam do mosquiteiro antes que vissem o de Karl von den Steinen.

Não posso, examinando as fontes documentais ameríndias, desde o século XVI ao XIX, aceitar que o indígena tenha sido o inventor do mosquiteiro e menos ainda seu divulgador em áreas mais vastas e contínuas da América do Sul.

ANTOLOGIA

Meninas Caiuá esperam, na rede, a hora do almoço. Os Caiuá são Tupi-guarani do oriente paraguaio, sueste de Mato Grosso e do Vale do Paranapanema.
(Gentileza do Serviço de Proteção aos Índios.)

Dicionários e Enciclopédias
• •
Rede, Maca, Hamaca nos Dicionários

*R*ede (Pop.) – Balouço formado de duas porções distintas: a rede propriamente dita e os punhos. A primeira, onde a pessoa deita-se ou senta-se, tem a forma de retângulo, e os punhos que a sustentam servem para prender a rede em escápulas ou outros suportes, e são constituídos por fios de crauá, ou algodão trançado, verdadeiros cordéis presos cada um à rede, e reunidos no outro extremo em volta trançada com o feitio de argola, ou anel, para ser introduzido na escápula ou preso em suporte adequado. As bordas livres da rede são enfeitadas com franjas, ou "varandas", nome regional de bordados dos próprios fios da rede, ou adicionados. Redes e manqueiras luxuosas têm as varandas de penas, de coloridos variadíssimos e lindíssimos (Amazonas). Alfredo Augusto da Mata, "Vocabulário Amazonense", Manaus, 1939.

Maca – Dormida para marinheiros; de lona branca com aranhas, fiel passadeira e trancafio; com as seguintes dimensões, depois de feitas as "bainhas", comprimento – 2m20; largura, 1m15; de um só pano, sem emenda; em cada "cabeceira" uma bainha de 6cm com 10 ilhoses nº 3 eqüidistantes; e 4 cm do extremo das bainhas e das ourelas. – As "aranhas" de cabo de cânhamo de 20cm de bitola, com dez "pernadas", e cerca de 85 cm de comprimento cada uma. As "pernadas", reunidas em uma das extremidades, formando um xadrez, são presas a uma argola de metal; os outros extremos terminam em alça e passam nos ilhoses da maca, presos por uma "passadeira" de cabo de 25mm de bitola e 1m 25 de comprimento. As argolas de vergalhão redondo, com cerca de 5 ½ mm, terão 4cm de diâmetro inteiro; nestas argolas são fixos, por um chicote, dois fiéis de cabo de cânhamo de 25mm de bitola e 3m de comprimento. Além destes artigos, a maca tem mais um "trancafio" de cânhamo de 25mm de bitola e 5 m de comprimento, com uma alça em um dos chicotes. A "maca" quando "ferrada", deve ficar do feitio de um cilindro, com os "fiéis" de "aranhas", bem atracados ao longo do volume, e amarrados externamente pelo trancafio, por meio de sete voltas, sendo duas nas "cabeceiras" e cinco pelo corpo. Dentro da maca ficam enrolados o colchoado, a manta e cobertor. Amphiloquio Reis, "Dicionário Técnico de Marinha", Rio de Janeiro, 1947.

Maca – s. f. Fr. *hamac.* Mar. Leito ou cama de lona, que se suspende horizontalmente, para o repouso dos marítimos. Grande e Novíssimo Dicionário da Língua Portuguesa (Laudelino Freire), Rio de Janeiro, 1954.

Rede – s. f. Lat. *retis.* Tecido de malha que se suspende de pontos elevados ou entre árvores e que é muito usado nos países tropicais para nele se dormir ou embalar. *Rede de dormir* – s. f. Retângulo de tecido de malha, que se suspende, usado nos países tropicais para nele se dormir a sesta. Idem.

Hamac (*h* aspm, et *mak'* – de l'esp. *hamac,* empruté du caraïbe). n. m. Rectangle d'etoffe ou de filet attaché à ses deux extrémités, susceptible de se balancer ou de se mettre en branle, dont les matelots et certains peuples se servent pour se coucher (Syn. anc. *Branle*). *Hamac à l'anglaise,* Cadre. *Gréer un hamac.* Mettre en place les araignées. *Araignées de hamac.* V. Araignée. Encycl. Mar. Le *hamac* est le lit, du matelot et de tout pasager de bord qui n'a pas de couchette. Il se compose essentiellement d'un rectangle en toile muni d'une doublure dans lequelle on glisse le matelas, d'araignées passant dans oeils-de-pie preparés aux deux extrémités du hamac, d'un organeau qui se trouve au pied du hamac, permettant de lui donner la torsion convenable, si l'écartement des crocs est trop grand pour qu'on ne puisse y mettre les deux organeaux. On pend les hamacs aux crocs, le soir, au moment du branle-bas, après les avoir pris aux bastingages, et on les serre le matin pour les remettre à leur poste sur le pont. Des hanets, consus symétriquement le long de ce lit rudimentaire, permettent de l'attacher quand il est serré et, pour être plus à son aise, en dormant, on met à la tête et aux pieds un bastet ou bois de hamac qui, fixé entre les deux araignées de droite et de gauche, raidit la toile et rend le sac plus large et moins profond. Les indigènes d'Afrique, d'Amérique, d'extrême Orient, confectionnent des hamacs artistement tressés qui leur servent pour la sieste (Larousse).

Hammock – a hanging bed or couch, perhaps derived from the hamack tree, the bark of which was used by the natives of Brazil to form the nets, suspended from trees, in which they slept (Enciclopédia Britânica).

Hammoc – from hamaca, of Arawakan origin. A swinging couch, usually of netting or canvas, suspended by cords at each end (Webster).

Hamaca – F. *Hamac.* It. *Amaca.* In. *Hammok.* E. *Hamako.* A. *Hängematte.* P. *Maca.* C. *Hamaca.* (Etim. Del neerl. *Hangmat,* cama suspendida, ségún outros, del caribe *hamac,* arbol de cuya corteza suelen sacarse los filamentos con que se hacen). F. Red gruesa y clara, por lo comun de pita, la qual assegurada por las extremidades en dos árboles, estacas ó escarpias, queda pendiente en el aire y sirve de cama y clumpio, y para ser transportado dentro de ella, conduciendola dos hombres. Es mui usada entre los indios. La red de que está formada la hamaca se hace, por regra general, de grueso torzal de seda ó de un hilo bien torcido de cáñamo, con una longitud de 4 a 6m, y un ancho de 2. Es rectangular y de los lados más estrechos parten los cabos (dos por cada malha) del mismo hilo que la red, los que se unem en haz al centro ó a los 2 de aquélla, en un fuerte nudo que coge à un gancho fuerte de hierro, el qual sirve para afirmar la hamaca á dos árboles proximos en argollas clavadas en sus troncos ó a dos muros opuestos de un parque, jardin ó habitación en argollas fijas en nudillos de madera empotrados en el muro. La hamaca queda tendida á poca distancia del suelo generalmente, aunque á veces se coloca junto á la copa de los árboles formando una catenaria de gran flecha, pues para que sea cómoda há de estar mui suelta. Además de esta clase de hamacas (que son las verdaderas), se construyen otras del largo y ancho de una cama ó poco mas; la red es asimismo rectangular, pero en vez de estar suelta, únese por sus extremos más cortos á dos cabeceros de madera ó de caña que le conservam su forma y la tienen tendida. A estos cabeceros se fijan dos fuertes cuerdas en cada uno, uniendose de dos en dos (las del mismo cabecero) en una argolla, à la que se fija el gancho que ha de servir para colgar la hamaca. Esta se coloca siempre bastante tensa, pues de lo contrario podria molestar al que estuviese en ella. La hamaca se construye también de telas fuertes. En Filipinas son muy comunes las de abacá. *(Abacá, canhamo de Manilha, é uma musácea, Musa textiles.)* (Enciclopedia Universal Ilustrada Europeu-Americano, España – Calpe, Madri.)

Amàca – sf (dallo sp. *hamaca*) sorta di letto pensile, generalmente fatto d'una rete o d'una stuoia che si sospende tra due alberi o tra due pareti. Fernando Palazzi, "Novíssimo Dizionario della Lingua Italiana", Undecima ristampa, Milano, 1951.

Rede – No Brasil, tecido de malha com ramais, os quais se atão nos extremos de uma vara, ou a duas argolas, e fica como uma funda, na qual se deitão a dormir, ou são levados às costas de pretos, que sostém cada um no hombro o extremo da tal vara, ou *pão de rede,* que é uma espécie de cana massiça d'Angola, assas leve. Antonio de Moraes Silva, "Diccionario da Lingua Portugueza", quarta edição, Lisboa, 1831.

Maca – s. f. Leito, catre de lona, em que de ordinário dormem os marinheiros, pendurada com cordas pelas duas cabeceiras, ou travessas. Idem.

Hamac – s. m. 1) Terme de marine. Lit composé d'un rectangle de toile un peu plus long que la grandeur moyenne de l'homme, qui est suspendu horizontalement et où chouchent les matelots. 2) Sorte de lit portatif foxt en usage en Arique et en Amérique, qu'on suspend entre deux arbres, pour se garantir, pendant la nuit, des bêtes farouches et des insectes. Ce hamac est suspendu par una corde à une grosse branche d'arbre. Diderot. Salon de 1765, Oeuv. t. III, pag. 254, dans Pongens. *Sara, belle d'indolence, se balance dans un hamac,* V. Hugo, Orient, 19. Etym. – Espagn. *hamaca, amahaca;* port. *maca;* ital. *amaca;* de l'allemand *Hangematte*, de *hanger,* suspendu *et matte,* natte; holl. *hangmat, hangmak.* D'après l'Enciclopédie moderne, ce nom vient de ce que les caraibes donnente le nom de hamack à l'arbre dont ils emploient l'écorce à tresser cette espèce de filet dans lequel ils se couchent et se balancent après l'avoir suspendu, mais cela est trop incertain pour contra-balancer l'etymologie germanique. E. Littré, "Dic. de la langue française", Hachette, Paris, 1878.

Hamac – Lit en toile, suspendu par les deux extremités à des crochets fixés aux baux ou barrotins des ponts, en usage à bord des navires. Au branlebas du matin, les hamacs sont décrochés et portés; ils ne sont recrochés qu'au branlebas du soir. Le hamac s'appelait autrefois *branle,* d'ou le nom *branlebas* resté en usage, qui signifie: décrocher les branles. Le Grand Enciclopédie. Soc. Anon. de La G. E. Paris.

Maca – Do taino hamaca. Segundo Lenz, parece certo que a palavra pertenceu à língua taino do Haiti. Von den Stein menciona a forma amaca como nuaruaque. A etimologia registrada por Korting, nº 3.870, de um baixo alemão Hanhmat é seguramente falsa; essa forma assim como o alemão Hangematte – Diez – Dic. 14 –, é etimologia popular (tapete suspenso). Segovia, Dic. de angentinismos, 124, deriva do caribe amaca, pita. V. Cuervo, Apuntam, pag. 582. Figueiredo deriva do alemão com dúvida. G. Viana, Apost. II, 86, aceitou a derivação do francês hamac, constante do Novo Dicionário. Lokotsch, Americanische Worter, 36, concorda com Lenz. Outro tanto F. Lubke, Romanisches Etymologisches Worterbuch, 4020. Em português houve deglutinação do autor Antenor Nascentes, "Dic. Etim.".

Amaca – Nome dato nelle Antille, dagli Indigeni Arawak, al loro letto sospeso che fu introdotto poi in Europa dai primi scopritori. Vienne più tardi in largo uso sulle navi da guerra e in tutte le colonie tropicali europee. Ma il territori originarí della sua diffusione sono due. Il principali de essi è nell'America Meridionale: dalla Colombia alle coste orientali del Brasile, eccetuati però di regola i populi, più primitivi, del grupo Gês. Il limite meridionale dell'amaca si trova nel Gran Chaco (Lengua, Payaguá) e sul Paraná (Cainguá). Sul territorio andino aveva diffusione molto più limitata, ed era anzi probabilmente usato soltanto per transporto, a guisa di lettiga: per questo uso essa è stata anche introdotta dai Portoghesi nell'Africa tropicale. Verso il nord si è diffusa in epoca spagnuola e attuale, sino al paese dei Maya. Questa ditribuzione mostra la dipendenza dell'amaca dal clima tropicale umido, nel quale rappresenta un gran vantaggio sul graciglio a terra, mentre il letto a piattaforma, usato nelle Ande, appare in America introduzione posteriore e poco diffusa. Amache di rete o di pelle erano usate come culla da tribù dell"America del Nord. Già nelle suo forma primitive, cioè quando è costruita con corde di fibra di palma (piu raramente di altre piante), l'amaca implica una tecnica assai progredita della intrecciatura. Quando dal territorio andino, in età precolombiana, si diffuse verso oriente la coltura del cotone, i Caribe e i Tupi amadottarano e transmisero a varie altre tribù l'amaca di cotone. Fuori dell'America, una sola area culturale possiede l'amaca (di fibre intrecciate, a rete): la porzione sul-orientale della Nuova Guinea. Data la grande distanza dall'America, si può essere indotti a pensare che si tratti d'invenzioni independento. Ma l'oggeto va aggiunto agli altri numerosi che la civiltà indigena dell'America tropicale ha in comune con la vecchie culture della Papuasia e della Melanesia. Secondo Grabner e il P. Schmidt, esso appartiene al ciclo culturale dell'arco da guerra. Enciclopedia Italiana. Edizione Instituto G. Treccani. 1933. Roma.

Amaca – Dallo spagn. hamaca, di origene caribica. Giaciglio di rete, tenuto sospeso da terra, in uso fra le genti indigene a cultura agricola dell'America tropicale, dal Chaco fino al Messico meridionale e alle Antille, e adottato anche, in epoca recente, da populi civili per riposo, in parchi, giardini. L'a. dei populi primitivi può essere intrecciata con fibre naturali (di palma, per lo più) o di cotone coltivato. Fuori dell'America l'a si è ritrovata nella Nuova Guinea del SE e costituisce uno del numerosi elementi comuni fra la cultura melasoana e quella amazzonica. In Africa, la sua diffusione è limitata al versante atlantico (Angola, Congo, Alta Guinea) e ha probabilmente carattere secondario. Sospese a una o due pertiche, l'a. può essere usata per li transporto di persone (Cina, Corea, Giappone, etc.). Dizionario Enciclopedico Italiano. Instituto della Enc. Ital. fondata da G. Treccani. Roma, 1955.

Rede – Tecido grande de algodão, em que os Gentios do Brasil, e outros das Índias Ocidentais, dormem, pendurando-o do tronco de sua árvore a outro e com esta cama pênsil se livra de bichos e feras. Dizem, os Caraíbas fazem estas redes com supersticiosas cerimônias. Nas pontas do tear suspendem um saquinho de cinza, por imaginarem, que sem ele, não duraria a rede; não comem figos enquanto a rede é nova por entenderem, que apodreceria brevemente; e não ousam comer peixe, que tenha bons dentes, crendo que a sua rede ficaria logo cortada, e retalhada. Dormem suspensos em redes que tecem de algodão, as quais penduram por duas pontas de esteio a esteio. (Vasconcelos, Notícias do Brasil, 122.) Rede em que na Índia e outras partes, os negros, ou escravos a que chamam carregadores, levam gente. *Rete gestatorium.*

Chamavam os Romanos *Sella gestatoria* à cadeira de mão em que se faziam levar. (Carregadores, os que levavam em redes. Hiftor, de S. Domingos, I. part. pág. 250.) Rafael Bluteau, "Vocabulário Português e Latino", Lisboa, 1720.

O Uso da Rede, do Berço e da Cadeira de Balanço e as suas Vantagens

A. da Silva Mello

Apesar da questão parecer fora das minhas atribuições, dela já me tenho ocupado em outros trabalhos, tanto em relação à rede, quanto ao berço de ninar e à cadeira de balanço, sobretudo visando saber se o seu uso, sob o ponto de vista médico e da saúde da coletividade, é vantajoso ou desaconselhável. O problema é particularmente importante quanto à rede, o leito mais comum em algumas regiões do nosso país e também noutros de clima quente, vinda dos índios e de outros povos primitivos. Já havia escrito parte desse trabalho quando recebi de Luís da Câmara Cascudo, o sábio etnologista e folclorista de Natal, uma indagação sobre a rede, desejando saber se a julgava eu útil e recomendável ou, pelo contrário, prejudicial e contra-indicada. Câmara Cascudo, que se ocupa no momento de uma pesquisa etnográfica sobre a rede de dormir, escrevendo-me sobre a questão, acrescenta que nada existe sobre ela, apesar de quatro séculos históricos do seu uso e dos milhares delas fabricados anualmente

> "Milhões e milhões de brasileiros nasceram, viveram, amaram, morreram e foram levados para o cemitério em redes. Acusam-na de contra-indicada para o repouso por ser curva e dar posição artificial ao corpo dormente, esquecidos dos sertanejos fortes que envelhecem sadios e dentro das redes. Sertanejos e caraíbas e tupis, os mais valentes indígenas do continente. E os jagunços do Conselheiro?"

Nesses termos, solicita a minha opinião de médico acerca do valor da rede para o sono, o repouso e a mecânica do corpo, desejando saber se é ou não conveniente como leito, se é recomendável ou prejudicial.

Eu próprio acredito que a rede seja, nos países de clima quente, a cama ideal para se dormir e repousar, como parece demonstrado pelas populações primitivas que a adotaram de maneira tão geral e também pelas vantagens que o seu uso pode oferecer ao homem civilizado. Não há dúvida, que a rede, quase sempre tecida de malhas largas e abertas, facilita a irradiação do calor do corpo e a sua melhor ventilação, mormente pelo fato de ficar suspensa no ar. São condições higiênicas de primeira ordem para as regiões de clima quente, favorecendo de tal maneira a tolerância pelo calor que é freqüente os habituados não mais suportarem a cama comum, sobretudo durante os grandes calores do verão.

A posição curvada tomada pelo corpo na rede, que pode ser julgada anormal ou prejudicial, deve impor-se antes como ideal para o repouso, pois corresponde à do feto no útero, a qual igualmente muitos animais e mesmo o homem quase sempre tomam para dormir. Isso no caso de estar este são e livre de complexos, porque tanto os complexos quanto as doenças podem levá-lo a tomar posições anormais, mesmo extravagantes. No caso do indivíduo dormir, por exemplo, de barriga para baixo, é isso quase sempre sinal de oposição ao meio ambiente, de querer virar-lhe as costas, não raro desde os primeiros anos de vida. No consultório, costumo indagar dessa particularidade, pela qual, muitas vezes me informo sobre o caráter do paciente, em geral teimoso e obstinado, o que poderá explicar a sua atitude em relação à família, à sociedade e mesmo às prescrições médicas. Outras vezes, ele se habitua a essa posição, em virtude de determinados sofrimentos abdominais.

A posição do corpo na rede é tão natural, tão fisiológica, tão favorável que às vezes se pode revelar de utilidade mesmo em determinados casos de moléstia. Julgo as suas vantagens de tal ordem que ouso levantar a hipótese de poder ser a cama desfavorável ao nosso organismo, aos seus músculos, às suas articulações, à sua mecânica, às suas funções, uma razão talvez de os processos de artrite e de reumatismo se terem tornado tão numerosos e variados. Isso tanto pela posição do corpo na cama durante a noite ser falsa, quanto pela falta de sua ventilação devida ao colchão e às cobertas. Como os povos primitivos praticamente não sofrem dessas afecções, seria trabalho de grande valor verificar quanto o homem moderno, sobretudo o habitante das zonas quentes, tem sido prejudicado por hábitos desse gênero, principalmente quando dorme ou repousa. É possível que uma investigação nesse sentido, capaz de relacionar a freqüência e a gravidade daquelas afecções, de um lado com a cama e do outro com a rede, possa conduzir a resultados surpreendentes, aproximando-nos melhor das causas dessas afecções, ainda tão obscuras e enigmáticas. Mesmo que existam outros fatores etiológicos de permeio, poderá ter esse a sua razão de ser, capaz de então aparecer com evidência. Essa hipótese de trabalho impõe-se como tanto mais justificada, quanto a posição tomada por indivíduos que nunca se deitaram em rede pode ser das mais incômodas e desajeitadas. Lembro-me de Einstein quando, depois de um almoço em nossa residência no Cosme Velho, passou à varanda armado de um grande charuto e, vendo uma bela rede boliviana, aberta e convidativa, procurou nela deitar-se para uma pequena sesta. Foi impagável e ridículo ao mesmo tempo! O grande gênio, então bastante barrigudo, ficou em posição tão falsa, tão dura e desajeitada, que teve de levantar-se e voltar para a cadeira. Não conseguiu ficar deitado senão alguns momentos, achando a posição incômoda, insuportável. O seu corpo devia estar por demais habituado às condições de vida do homem civilizado, seguidas por um extraordinário número de gerações. O grande Roquette Pinto, que passou mais de uma dezena de anos atacado de artrite anquilosante, que muito o fazia sofrer, descobriu que a rede era mais cômoda e repousante que a cama, tão mais agradável e benéfica no seu caso que me prometeu escrever sobre a questão para a "Revista Brasileira de Medicina", expondo a sua auto-observação na seção de "O Médico como Doente". Infelizmente, outras ocupações e a sua morte prematura impediram-no de cumprir a promessa, que teria sido, sem dúvida, uma comunicação de grande importância.

Doris Odlum, no "British Medical Journal" de 18 de outubro de 1952, indagando porque deixamos de nos balançar relata que no seu tempo de criança, era difícil encontrar-se na Inglaterra uma casa que não tivesse pelo menos uma cadeira de balanço, dizendo que se tornaram agora quase objetos de museu. Na América, acrescenta, são ainda muito comuns, embora eu próprio tenha tido a impressão de que estão também desaparecendo, tanto nos Estados Unidos, quanto no Brasil. Na minha excursão por aquele país, em 1952, não encontrei em nenhum dos apartamentos que habitei, em inúmeros hotéis, uma só cadeira de balanço, móvel maravilhoso, que parece estar realmente desaparecendo, apesar de tanto contribuir para o conforto de qualquer lar. A cadeira de balanço austríaca, a melhor de todas pela simplicidade e mecanismo do seu jogo, está sendo substituída, quando muito, por outras menos confortáveis, menores de tamanho, o assento e a extensão da base mais curtos, o que as tem tornado menos cômodas, por vezes quase desagradáveis. Isso eu o pude verificar, há pouco tempo, quando procurei comprar uma das antigas e encontrei somente esse tipo moderno, mais curto e acanhado.

Diversos autores referem-se ao prazer que é obtido pelo movimento rítmico de balançar, sem dúvida a razão de ser desse móvel que por toda a parte teve tanta aceitação. Também a rede tem tido difusão, havendo até uma seção especial de livros – livros para serem lidos na rede – *Hammac reading*, literatura fácil, agradável, boa para acalmar os nervos e passar o tempo.

Não há dúvida que descobertas e hábitos desse gênero merecem atenção, pois representam conquistas instintivas, certamente úteis ou necessárias, mas que vamos menosprezando, tanto devido às condições modernas da existência, quanto à falta de conhecimentos mais profundos da questão. É bem possível, no entanto, que amanhã, quando qualquer psicólogo anunciar ser o embalo útil e salutar, capaz de acalmar nervos e relaxar estado de tensão, que, então, seja aceito e se generalize o balanço como uma esplêndida terapêutica. Sendo assim, a cadeira de balanço voltará de novo para o lar, desta vez não como um móvel cômodo e agradável, sim como um instrumento médico para tratar de doentes.

Doris Odlum pergunta porque deixamos de nos balançar, a nós e a nossos filhos, quando poderia ser isso de utilidade, pois acalma e relaxa os nervos, recurso cada vez mais necessário dentro da vida moderna, caracterizada pela sua crescente agitação. Odlum mostra que o hábito de balançar o bebê está desaparecendo de uns 50 anos para cá, apesar do berço de balanço ter tido aceitação universal. E lembra o conhecido ditado inglês: a mão que balança o berço é a mesma que governa o mundo. *The hand that rocks the craddle rules the world,* acentuando que o movimento rítmico de embalar é tão favorável à criança, que serve para acalmá-la e fazê-la dormir. Quando lhe falta essa possibilidade, não é raro vê-la, quando deitada, fazer movimentos de embalo com o corpozinho, de um lado para o outro, como demonstra um filme da Organização Mundial de Saúde, no qual o Dr. Jenny Rudinesco, de Paris, estuda a reabilitação de crianças abandonadas e criminosas. Odlum acrescenta que seria interessante saber porque tais hábitos estão sendo abandonados, principalmente quando, sendo agradáveis à criança, não lhe podem ocasionar emoções maléficas ou desfavoráveis. É o que se pode concluir também de outras observações do passado, que mostram havermos desprezado práticas úteis e justificadas, que não podiam deixar de ter a sua razão de ser, sobretudo porque se tinham espalhado por diversas regiões do mundo, desde os tempos mais remotos. A nossa rede, uma das invenções mais felizes do homem primitivo, entra nesse conjunto, talvez servindo para nos fazer compreender melhor certas tendências naturais do nosso povo.

Em relação ao berço de balanço e ao balançar da criança, publica a doutora M. Guiton-Vergara, da Policlínica do Boulevard Ney, de Paris, na "Semaine des Hopitaux", de 22 de outubro de 1954, num longo trabalho, de fundo mais psicanalítico, no qual estuda o efeito do balançar sobre o desenvolvimento do recém-nascido. A autora refere-se a investigações que vem fazendo sobre a questão, desde 1946, baseadas tanto em dados bibliográficos e no que pôde ela própria verificar, quando em observações de uma expedição ao alto Orinoco, no Amazonas, onde as mulheres da tribo Okomatadi têm o hábito de embalar o recém-nascido. Revendo a literatura, mostra que em séculos passados, desde o IX, foi usado o berço de balanço para acalmar e fazer dormir a criança. Depois, esse processo foi caindo em desuso, porque os pediatras passaram a considerá-lo como um mau hábito, prejudicial ou até perigoso ao recém-nascido. É isso que se pode concluir de diversas publicações hostis ao berço de balanço, que foi sendo abandonado e mesmo proibido por médicos. O próprio embalo nos braços maternos ou de outras pessoas passou a ser visto com maus olhos e até condenado por médicos. Diante disso, o berço deixou de ser de balanço, tornou-se fixo como as camas, sendo as crianças quando muito, embaladas pelas avós, sempre mais persistentes em seus hábitos. Desde 1920, diz a autora, as próprias mães, na França, não embalam a criança senão às escondidas, contra ordens expressas dos médicos, que também passaram a impor aleitamento em horas certas, fixadas pelo relógio. Pelos seus estudos ela verificou que até 1888 todos os recém-nascidos eram embalados, quer no berço, quer nos braços, em geral com cantigas para acalentar e dormir. Não foi senão mais tarde que esse hábito secular acabou por ser inteiramente abandonado, tanto na França como em outros países. Nos Estados Unidos, os berços de balanço de uso comum sofreram iguais restrições, acabando por serem suprimidos.

Guiton-Vergara, baseada em observações que colheu nos Estados Unidos de 1943 a 1946, refere que a criança de cor branca nunca é aí tomada nos braços nem embalada. Depois de cortado o cordão umbilical, o que é feito imediatamente, sem esperar que cessem as pulsações, é a criança separada da mãe e colocada no berçário, onde fica aos cuidados de enfermeiras sempre muito competentes, mas

> "cujas reações afetivas para com o recém-nascido parecem reduzidas ao mínimo. Para cada mamada, a criança é levada ao seio materno segundo um horário fixo, voltando logo para o berçário. A troca de fralda é feita igualmente segundo o relógio, deixando-se a criança chorar à vontade".

A autora diz que todas essas crianças a chorarem e gritarem constituem um espetáculo patético, acrescentando que, depois de mãe e filho permanecerem na maternidade durante um número de dias prefixado, voltam para casa. Aí, prossegue-se com um método idêntico, que é o de a criança ficar no seu carrinho, quer dentro de casa, quer no fundo do jardim. Dessa maneira, os contatos são reduzidos ao mínimo, a mãe quase não se ocupa da criança, parecendo que, quanto menos o faz, tanto melhor.

O Doutor Holt, no seu livro publicado em 1902, diz textualmente: "O balanço da criança, assim como qualquer prática da mesma espécie, não tem utilidade alguma e pode ser perigoso". Essa mesma afirmativa é repetida na décima primeira edição do seu livro aparecido em 1940. Lereboullet e Dayras, num pequeno guia para jovens mães, de 1952, recomendam: "É preciso deixar a criança chorar e gritar, a menos que esteja doente, não se devendo embalá-la para fazer dormir". Nas publicações oficiais do "Children's Bureau" dos Estados Unidos, é recomendado não usar o braço de balanço nem embalar a criança, deixando-a chorar e gritar, porque, do contrário, se transformará num tirano, capaz de revolucionar os hábitos da casa. Além disso, acrescenta que isso pode prejudicar o seu sistema nervoso, tornando-a cada vez mais exigente quanto aos carinhos que procura receber. Tais conselhos repetem-se sistematicamente até a edição de 1921. Em 1942, porém, o texto já se modifica:

> "Uma criança sã que, em lugar de dormir, continua a chorar, contenta-se às vezes com pequenas carícias. Tiremo-la da cama, tomemo-la nos braços por alguns minutos e conseguiremos acalmá-la embalando-a um pouco ou cantando uma ou duas canções antes de deitá-la de novo."

Desde então, naquele país, alguns pediatras expressam idêntica opinião.

Nos últimos tempos, tem havido uma reação no contrário sentido, de o recém-nascido dever ser tratado como um ser humano. Mas, tal ponto de vista está longe de haver modificado os hábitos impostos pelos pediatras do começo do século. Aliás, tanto os hábitos da população, quanto as publicações médicas da Europa, sobretudo da França, e as dos Estados Unidos seguiram rumos diferentes, quase opostos, relativamente aos recém-nascidos. Enquanto na França se continuava a embalar e balançar a criança contra os conselhos médicos, então contra tal prática, procedeu-se diferentemente nos Estados Unidos, onde a população deixou de balançar a criança justamente para obedecer à recomendação dos seus médicos. Foram estes que, mais tarde, como vimos, voltaram atrás, tornando-se tolerantes e fazendo eles próprios propaganda em favor do balanço, que passou a ser julgado útil à criança.

Na Inglaterra, o berçar do recém-nascido foi abandonado desde 1900, enquanto na França tal não aconteceu senão de 1920 para 1930. O carrinho de criança, que apareceu por volta de 1880, não teve maior aceitação senão a partir de 1895, quando passou a ser fabricado em série.

> "Até aí, as mães saíam com o bebê no braço esquerdo para ficar o direito livre para carregar embrulhos. Até 1920, recomendava-se não colocar a criança no carrinho, devendo ser carregada nos braços até os cinco meses de idade."

A diferença entre franceses e ingleses era ainda maior no que se referia ao banho do recém-nascido, que as inglesas davam todos os dias, enquanto que as bretãs tinham medo de ser ele prejudicial, de poder mesmo matar a criança!

Guiton-Vergara menciona diversos povos primitivos que balançam a criança, às vezes num berço ao lado, outras suspenso por cordas, o que permite sempre um contato mais direto entre mãe e filho, ainda mais íntimo quando, nos primeiros tempos de vida, aquela transporta no dorso, sempre mantido junto do seu corpo. Essa autora estuda a questão sob o ponto de vista psicológico e conclui que, no primeiro ano da existência, deve ser o lactente embalado nos braços maternos e no berço de balanço, com cantigas de ninar

> "por ser isso necessário ao seu desenvolvimento afetivo, ao seu equilíbrio físico e psicológico, prática também de valor para a própria mãe".

Mostra que o balançar cria contatos e é sempre benéfico, podendo corrigir perturbações mórbidas e mesmo curar doenças do recém-nascido, principalmente distúrbios nervosos, como a insônia, a irritabilidade e outras reações de desajustamento. Cita igualmente autores que admitem que a falta de berçamento pode ter conseqüências desastrosas, mesmo irreparáveis para a criança, mencionando casos de graves perturbações psicossomáticas, tratadas e curadas pelo balanço, cuja virtude maior é de acalmar a tensão nervosa e criar uma agradável sensação de euforia. O principal, porém, deve ser a aproximação que se opera entre a mãe e a criança no ato de a ter e de a embalar nos braços, de lhe dar o seio, de a balançar no berço. É a voz, a cantiga, o olhar, o contato das mãos, a sensibilidade do tato, tudo sempre cheio de amor e de doçura, que muito devem contribuir para aproximar os dois seres, abrindo à pequenina criatura um mundo mais cheio de felicidade, de alegria, de confiança. É o contrário do que acontece com a criança abandonada no berço, quase isolada do mundo, privada do melhor que a vida talvez lhe possa oferecer. A autora procura interpretar o mecanismo da ação do berçamento pela doutrina freudiana, mas chama igualmente atenção para o fato de o berçamento poder representar papel de importância no equilíbrio físico e psicológico da criança, que deverá reverter em benefício do adulto. Mostra que o desenvolvimento do aparelho vestibular é particularmente precoce, pois no feto de um mês os três canais semicirculares já se encontram muito desenvolvido. Ao lado disso, é a mielinização do nervo vestibular nos nervos cranianos a primeira que se opera, iniciando-se a do acústico no decurso do sexto mês e a do ótico antes do nascimento.

De qualquer maneira, o que é fácil de observar é o prazer que fornece o embalo, provavelmente lembrando as sensações intra-uterinas, dos tempos em que movimentos maternos, sobretudo a marcha e o transporte, repercutiam sobre o feto. A autora, e nesse particular parece-me deveriam as mulheres dar imenso valor à sua afirmativa, diz que o balanço do recém-nascido deve ter influência sobre a vida sexual do adulto, como procura mostrar analisando diferenças do contato sexual entre franceses e norte-americanos. Estes são muito dados a tais relações em automóveis, vestidos, pouco se preocupando com o prazer da companheira. Esta última condição é, no entanto, essencial para o francês e o latino, como é conhecido e posso afirmar pelo conhecimento que tenho desses povos. Nestas condições, há troca de prazeres, necessidade de aproximação, talvez aquela mesma que houve entre mãe e filho ou entre mãe e filha nos primeiros tempos de vida.

> "Poder-se-ia pensar que, quanto menos a mulher é embalada como lactente, tanto mais se torna depois reivindicadora por falta de amor; e que, tanto menos embala o filhinho, tanto mais se torna dominadora no papel de mãe e amante."

Por isso, prevê futuro sombrio para a mulher francesa de 1935 para cá, que não foi embalada e terá por marido ou amante um homem que também não o foi. Acrescenta que é por compensação que se tornam mulheres dominadoras, tipo *career-women,* que não se entregam e procuram o seu próprio prazer, alcançado mais por contatos sociais e profissionais.

É provável que a autora tenha razão em sua interpretação e que, no predomínio da mulher nos Estados Unidos, possa tal fato representar papel de grande importância. Acredito que isso acontece não só com o embalo, mas também com a amamentação ao seio e diversas outras particularidades hoje tão modificadas pelos modernos processos de criação da criança.

Guiton-Vergara refere que, nos Estados Unidos, quando a distribuição de comida a porquinhos é acompanhada de discos, que reproduzem o grunhido materno, são obtidos maior desenvolvimento e mais rápido aumento de peso do que, comparativamente, nos animais nutridos sem essa deliciosa melodia materna.

Qual o ponto de partida do movimento hostil ao berçamento e ao balanço da criança? É o que pergunta e ao que responde a própria autora, dizendo ser difícil decidir, mas que foi em J. J. Rousseau, no seu "Emílio", escrito em 1762, que encontrou a primeira opinião contrária à prática do balanço. No primeiro capítulo desse livro, o autor afirma "estar persuadido de nunca ser preciso berçar crianças e que esse uso muitas vezes lhes é pernicioso".[1] G. Vergara chama a atenção para essa frase e para o que Rousseau escreveu posteriormente, em 1775, referindo-se a seus passeios solitários, onde relata haver encontrado inspiração e voluptuoso devaneio no movimento uniforme das águas de um lago. Rousseau descreve a cena desse movimento contínuo, regular, que o embalava, pondo-o em delicioso estado de volúpia. A autora acrescenta, com toda a razão, que não é somente o homem adulto que pode sentir tais sensações, cuja existência deve provir desde os primeiros anos de vida. Não é por outro motivo, poderia ter ela ajuntado, que sensações desse gênero são tão agradáveis, podem tanto nos embevecer, sendo procuradas em muitas situações da vida, como bem mostram o berço, a rede, a cadeira e outros dispositivos que nos permitem balançar. Em alguns casos, mesmo as viagens podem ter efeito agradável e sedativo sobre o sistema nervoso, no sentido da trepidação ou do sacolejar do veículo fazer o indivíduo dormir, se é que não o tornam mais contente e eufórico. Devem entrar aí em jogo reminiscências de tempos passados, talvez mesmo mais da espécie do que do indivíduo, reminiscências ancestrais, criadas e mantidas através das gerações, no decorrer dos milênios. São sensações arquivadas desde a vida

---

1 Nota de Luís da Câmara Cascudo: "Je dis *un berceau,* pour employer un mot usité faute d'autre, car d'ailleurs, já suis persuadé qu'il n'est jamais nécessaire de bercer les enfants, et que cet usage leur est souvent pernicieux", J. J. Rousseau, (Émile ou de l'Éducation", Ier. cap. Rousseau, defensor entusiasta do aleitamento infantil pelas mães, é também o primeiro ditador para a metodomania alimentar, sono e alimentos em horas certas, determinadoras do hábito regulador inflexível. Está também no 1º capítulo do "Émile".

intra-uterina, que prosseguiram pelos primeiros tempos da vida, quando a mãe guardava contato íntimo com o filhinho, tendo-o junto do seu corpo, dando-lhe o alimento produzido pelo seu seio, defendendo-o dos perigos que o podiam alcançar, transportando-o colado ao dorso ou no ventre, como fazem alguns animais.

É um passado ancestral de enorme extensão, mas que deixou engramas no mais profundo da nossa sensibilidade animal. São eles que perduram ainda na vida do ser humano em formação e operam nos primeiros tempos da sua existência. Será de admirar que mais tarde, procurem a criança já crescida e o adulto reviver essas sensações, que tiveram sobre o seu organismo tão profundas e agradáveis repercussões? É preciso mais alguma coisa para explicar a descoberta da rede, do berço e da cadeira de balanço? Não é essa também uma prova de que só nos podem ser eles agradáveis e de utilidade?

Na evolução histórica da humanidade, é evidente que o hábito de balançar o recém-nascido e os processos para o adulto também poder fazê-lo devem datar de época muito tardia, quando o homem já havia atingido uma fase de progresso técnico bastante adiantada. Antes disso, devia viver em cavernas, mais preocupado com a alimentação e a sua defesa, dormindo no chão ou sobre peles, despojos das suas caçadas ou de animais encontrados mortos por acaso. Só muito mais tarde é que conseguiu descobrir os seus instrumentos mais primitivos e os primeiros utensílios de cozinha. A rede é de um período mais avançado, pois exige técnica de fabricação muito mais adiantada, uma autêntica conquista da civilização. Isso quer dizer que os nossos antepassados mais remotos e, antes deles, toda a série animal de que procedemos dormiram e descansaram deitados no chão. Se o fazemos ainda hoje dessa mesma maneira, deve estar isso de acordo com esse passado, tanto ontogenético, quanto filogenético. O nosso organismo deve estar adaptado a tais hábitos, embora hoje prejudicados pelas novas condições da existência, principalmente a vida dentro dos espaços fechados e apertados, em geral ainda sobrecarregada por excessos de cobertura e vestimenta. Isso nos tem afastado cada vez mais dos nossos hábitos primitivos da existência, nos quais a rede veio mais tarde talvez como um processo de compensação, de melhor adaptação às exigências do ambiente.

Diante das explanações apresentadas, é lógico concluir-se que tanto a rede quanto o berço e a cadeira de balanço devem ser de utilidade à saúde física e psíquica do ser humano, nas diferentes fases da vida. Devo chamar a atenção para o fato de ter sido aí que os nossos antepassados encontraram uma fonte de prazer e devaneio, como foi fácil observar no procedimento de nossos pais e avós, que passavam horas e horas no doce embalo da rede, quando não da simples cadeira de balanço. Era no tempo em que não existiam ainda o cinema, o rádio e a televisão, não sobrando senão esse "divertimento" doméstico, que devia ter as suas virtudes, tanto como compensação ou desafogo à labuta da casa, quanto das obrigações executadas fora dela.

Se o recém-nascido tem sido embalado através de gerações, desde milênios, sendo fácil verificar quanto é isso de utilidade para acalentá-lo e fazê-lo dormir, torna-se absurdo vir agora a ciência, à última hora, condenar hábitos tão espontâneos que datam dos tempos mais primitivos, tão bem integrados na nossa natureza que não nos podem ser prejudiciais. O que precisamos sempre fazer é observar melhor a natureza, não procurando submetê-la a regras e preceitos técnicos ditados pela nossa razão, cujos prejuízos podem não ser reconhecidos, caso não o sejam senão tardiamente. O passado é ainda a nossa grande escola, cujos ensinamentos devemos aproveitar com humildade e sabedoria.

Aliás, o que é fácil verificar é que a vida do homem, sobretudo dentro do mundo moderno, tem sofrido transformações extraordinárias, cada vez mais acentuadas e também cada vez mais em desacordo com as suas tendências instintivas. Em vez da satisfação que deve fornecer o trabalho executado, encontra nele antes revolta e descontentamento; nos alimentos, em vez de sabor e prazer, procura vitaminas e calorias; do amor fez uma fonte de lutas e decepções, vivendo como um pobre escravo, mesmo quando se acredita livre e feliz. Em outras publicações temos mostrado que a industrialização crescente da vida, com o artificialismo que dela decorre, deve ser uma das causas fundamentais dessa inquietude que avassala o mundo e tem tornado o homem mais perdido e infeliz, vítima de numerosos distúrbios físicos e psíquicos. Ele quer vencer agora pela razão e a inteligência, quando foram no passado o seu instinto e a sua adaptação biológica que garantiram a sua existência através dos milênios. Acredito que tudo que nos afasta das condições primitivas da vida reverta em nosso prejuízo, desde que não respeitemos a nossa ancestralidade humana e animal. O pior, porém, foi o fato dos desvios da rota primitiva se terem ido acumulando, engrenando-se uns nos outros, até tornarem a nossa vida extremamente diferente, quase em desacordo com o seu passado de milhares de anos.

Rio de Janeiro, setembro de 1957.

A Rede de Dormir

(Trovas)

A Luís da Câmara Cascudo.

Adelmar Tavares

Para dormir numa rede,
cumpre logo prevenir,
não é chegar, e deitar,
nem é deitar, e dormir.

A rede é como o cavalo,
que para a gente montar,
tem que primeiro amansá-lo,
para depois governar.

Tem de procurar o jeito
de deitar enviesado,
pois não dando esse jeitinho,
não está, em regra, deitado...

E em deitando, deixe sempre,
um certo espaço, porque,
vem o seu anjo da guarda
deitar, dormir com você.

Os "anjos da guarda", gostam
da rede dos pobrezinhos,
que dormem a sono solto,
ao Deus dará, nos caminhos...

Nunca vi dizer ser pobre,
quem come em paz o seu pão,
quem toca sua viola,
sem peso no coração...

Quem dorme na sua rede,
armada no copiar,
e dorme até manhãzinha,
vendo o dia clarear...

E, depois, enrola a rede,
pendurando-a no armador,
e vai trabalhar a terra,
pensando no seu amor.

Duvido que alguém se deite,
no embalo que a rede tem,
e pegue logo no sono,
sem pensar em quem quer bem...

No ronronar de uma rede,
há como o canto divino
de uma mãe pobre e cansada
balançando o seu menino.

Quem morre na sua rede,
puro e bom, como viveu,
vai numa ponta de nuvem
para um cantinho do céu...

Rio de Janeiro, setembro de 1957.

A Velha Rede do Engenho

Olegário Marianno

Muitos anos depois volto ao meu chão querido:
Abro a porteira. Alcanço o pátio, passo a passo,
Piso o último degrau da escada do terraço
E tenho o coração surpreso e comovido.

Com seu ar de renúncia e abandono e cansaço
A rede espera. Os punhos rangem num gemido...
Julgo ver dentro dela um corpo adormecido
E um braço a se mexer procurando o meu braço.

Velha rede dos meus! Já que a saudade existe,
Jogo o corpo cansado e reclino a cabeça
No teu regaço humano e enquanto a noite cai,

Fico a esperar na paz do crepúsculo triste
Que algum fantasma do Passado me apareça
Para contar velhas histórias do meu Pai.

Engenho Conceição. Ipojuca. Pernambuco, 1940 (Inédito).

Olegário Marianno contou-me a história deste soneto: "De volta de Portugal onde fiz parte da Embaixada do General Pinto às festas do duplo centenário, fiquei alguns dias em Recife para matar saudades. Fui ao Engenho Martinica do meu primo Renato e em seguida ao Engenho Conceição em Ipojuca, no interior pernambucano. O Engenho é de Tio Juca (o velho Coronel Zé Maria Carneiro da Cunha, irmão de Papai). Antes não tivesse ido a esse Engenho. Sofri muito porque encontrei todos os objetos familiares da minha infância. Entre eles o que mais me comoveu foi, sem dúvida, a rede do terraço. Não era a mesma com certeza. Mas o lugar era aquele em que Tio Chiquinho (Coronel Francisco de Siqueira Carneiro da Cunha), sempre de botas, contava aos sobrinhos as histórias da Campanha

Abolicionista sentado num banco ao lado da rede. Saí chorando do Engenho Conceição. Era quase noite. Durante a viagem do trenzinho das Cinco Pontas não dei uma palavra porque a imaginação trabalhava. Quando cheguei ao Recife, escrevi este soneto. Não sei se o aproveitarei de futuro. Talvez nas minhas memórias. E então? Só mesmo você conseguiria o milagre desse fenômeno mediúnico. O soneto é bom? É mau? Não sei. Nem quero saber. Abraço..." (Agosto de 1957).

Iniciação Amorosa

Carlos Drummond de Andrade

A rede entre duas mangueiras
balançava no mundo profundo.
O dia era quente, sem vento.
O sol lá em cima,
as folhas no meio,
o dia era quente.
E como eu não tinha nada que fazer vivia namorando
                              [*as pernas morenas da lavadeira.*

Um dia ela veio para a rede,
se enroscou nos meus braços,
me deu um abraço,
me deu as maminhas
que eram só minhas.

A rede virou,
o mundo afundou.

Depois fui para a cama
febre 40 graus febre.
Uma lavadeira imensa, com duas tetas imensas,
                         [*girava no espaço verde.*

"Alguma Poesia", Belo Horizonte, 1930.

Redes e Redeiras de São Paulo

Sergio Buarque de Hollanda

Ao visitar pela segunda vez a Capitania de São Paulo, tendo entrado pelo Registro da Mantiqueira, Saint-Hilaire impressionou-se com a presença de redes de dormir ou descansar em quase todas as habitações que orlavam o caminho. O apego a esse móvel "quase desconhecido" em Minas Gerais, pareceu-lhe dos característicos notáveis da gente paulista, denunciando pronunciada influência dos índios outrora numerosos na região.

Antes de considerar a técnica do fabrico de redes e a extensão da influência indígena sobre essa técnica, caberia aqui o exame do processo que levou à generalização de seu emprego. É sabido que o europeu recém-chegado ao Brasil aceitou o costume indígena sem relutância, e há razão para crer que, nos primeiros tempos, esses leitos maneáveis e portáteis constituíram objeto de ativo intercâmbio com os naturais da terra. Tão grande seria sua procura, que em 1587, no regimento feito pelo Conselho da Vila de São Paulo para bem definir as relações entre os moradores e o gentio Tupinaen descido do sertão, foi necessário ordenar que nenhuma pessoa "lhe tomasse redes nem outra coisa". Essa referência explícita não poderia ser mais significativa.

É lícito pensar que ainda não se disseminara então, entre paulistas, o fabrico doméstico dessas redes. Cercados de parcialidades que em muitos casos ignoravam seu uso, como os Guaianazes e os Garulhos, por exemplo, tratariam eles de ir adquiri-las onde e como o pudessem. Já em 1561 dissera Nóbrega, em uma das suas cartas,

> "que sendo essas redes as verdadeiras camas da terra, não se alcançavam facilmente em São Vicente, por serem caras, mas podiam vir de outras capitanias, onde são muito baratas".

No admirável relato da Missão dos Carijós de 1605-1607, redigido pelo padre Jerônimo Rodrigues e ultimamente publicado por Serafim Leite, diz-se que indo os homens de São Paulo a resgatar índios nos Patos, também trabalhavam por haver suas redes e tipóias. E em inventários da mesma época, o de Francisco Barreto, por exemplo, que é precisamente de 1607, encontraremos alusão, entre outras, a "redes de carijós", sinal de que não seriam confeccionadas aqui, mas trazidas, por bem ou por mal, das paragens sulinas onde habitava esse gentio.

Contudo, a simples necessidade de especificar a procedência já denunciava bem claramente que nos achamos em face de exceções à regra geral. A regra geral, pelo menos em princípios do século XVII, deveria ser a fabricação doméstica. Com as peças de serviço do gentio da terra – tamoio, tupiniquim, tupinaem, carijó... – introduziram-se também, nas casas paulistas, as cunhãs tecedeiras. E com elas, os teares "de tecer rede", onde a tradição indígena, pouco modificada, neste caso, pela influência das técnicas adventícias, têm permanecido até os nossos dias.

É certo que, existindo em São Paulo os teares horizontais de procedência européia – teares de tecer pano –, pelo menos desde 1578, o ano em que tecelões e tecedeiras começam a ser mencionados nas Atas da Câmara, são também os únicos a que expressamente se referem, durante todo o século XVII, os documentos paulistanos publicados. O mais antigo tear de fazer rede de que temos notícia, surge só no inventário do capitão Diogo Bueno e sua mulher, Isabel Bueno de Oliveira, e esse inventário data de 1729.

Pode-se alegar que muitas redes seiscentistas seriam talvez de pano grosso, pano de duas varas, fabricado em teares horizontais de modelo europeu, e é esse provavelmente o caso das redes atoalhadas e de picote que aparecem em certos inventários da época. Mas não se conclua sem maior exame que eram inexistentes no século XVII, entre os moradores brancos de São Paulo os teares especiais para a confecção de redes, que os colonos e os filhos de colonos adotaram ao contato com a primitiva população indígena. E o próprio fato de se esclarecer, a respeito de muitos dos teares inventariados, que são "de tecer pano" é a prova de que existiriam outros, no caso, os de tecer rede.

A importância que a rede assume para nossa população colonial prende-se, de algum modo, à própria mobilidade dessa população. Em contraste com a cama e mesmo com o simples catre de madeira, trastes "sedentários" por natureza, e que simbolizam o repouso e a reclusão doméstica, ela pertence tanto ao recesso do lar como ao tumulto da praça pública, à morada da vila como no sertão remoto e rude.

Móvel caseiro e, ao mesmo tempo, veículo de transporte, é em suas redes lavradas, por vezes luxuosamente adornadas, como a de Pascoal

Leite Pais, feita de tecido carmesim com forro de tela verde e passamanes de prata, que saem à rua as matronas paulistanas, ou viajam entre a vila e o sítio da roça. De Manuel José Bueno contam que, tendo ido a Lisboa para levar a El Rei o célebre cacho de bananas de ouro, andava pelas ruas da Corte em uma rede de fios de algodão de lã de várias cores, carregada por mulatos calçados, que levara de São Paulo especialmente para esse mister. Pedro Taques, ao referir o episódio, acrescenta que

> "seria objeto de grande riso esta nova carruagem em Lisboa, e na verdade só a Providência o faria escapar às pedradas dos rapazes da Cotovia".

Nem só as matronas, como Inês Monteiro, ou os velhos, como um Manuel João Branco – "caduco velho", chama-lhe o autor da "Nobiliarquia" – serviam-se de semelhante veículo. Os próprios sertanistas não desdenhavam desse meio de transporte, menos, talvez, por amor à comodidade, do que por amor à própria distinção e ao prestígio que o aparato impunha. O poeta José Eloi Ottoni, que ainda pôde ser conterrâneo das últimas bandeiras paulistas, fala-nos e não sem rancor, naqueles capitães que iam pelo mato a dentro, carregados "em redes, aos ombros de seus semelhantes". E já no século passado o cronista Baltazar da Silva Lisboa registra a mesma tradição. O fato é que as redes – redes de dormir ou de transportar – são peças obrigatórias em todos os antigos inventários feitos no sertão.

Dados esses préstimos numerosos, não seria de estranhar-se sua confecção monótona e fatigante, tivesse papel de singular relevo na vida dos velhos paulistas e ocupasse grande parte do pessoal doméstico. Basta dizer-se que, sendo preciso vários arráteis de algodão para fazer-se uma rede, só para a limpeza de um arrátel, uma pessoa consumia ordinariamente quase um dia inteiro. Quando se introduziu, o descaroçador manual de madeira, o que em São Paulo parece ter ocorrido só em meados do século XVII, e isso mesmo em poucas casas, tornou-se possível maior economia de tempo, já que, segundo a estimativa de Manuel de Arruda Câmara, um desses aparelhos é capaz de limpar por dia duas arrobas de algodão em caroço, que vêm a dar meia arroba de lã. Em compensação era preciso duas pessoas trabalhando ao mesmo tempo – trabalho que ao cabo de um dia, deixava inteiramente exausto qualquer indivíduo – para que pudesse funcionar o aparelho.

A fiação, posto que menos fatigante, requeria, por sua vez, ainda mais tempo e trabalho. Sabe-se que nas missões do Paraguai os padres entregavam aos sábados meia libra de algodão a cada índia casada, com a obrigação de o devolverem, já em novelo, na quarta-feira seguinte. O prazo poderá parecer excessivamente longo, mas não é de acreditar que as caboclas de São Paulo, sem o peso da disciplina que impunham os jesuítas das Missões, fossem nesse particular, mais industriosas do que suas irmãs paraguaias.

Finalmente, para o principal, isto é, para fazer a rede, tendo os fios necessários, nenhuma tecedeira, por ativa que fosse, gastava menos de três ou quatro semanas de trabalho incessante, e muito mais, em regra, se a rede tivesse abrolhos e varandas. Por isso, e porque comportavam, em geral maior lavor e mimo, as redes eram avaliadas, em São Paulo, a preços mais elevados do que os catres de mão, que qualquer carpinteiro podia fazer em algumas horas.

A presença desses catres é explicável, em muitos casos, pelo maior abrigo que podem proporcionar em terra de grandes frios como São Paulo. Ainda assim, a maioria do povo, e não apenas índios e mamelucos, só se deita em redes. Ao redor da rede de Lourenço Vaz, e na sua morada, chegou mesmo a realizar-se certa vez, em 1580, uma sessão da Câmara, porque, sendo ele o escrivão do Conselho, achava-se mal disposto e não podia levantar-se dela.

Essa preeminência quase sem contraste da rede de dormir conserva-se em São Paulo durante todo o século XVII e a maior parte do seguinte. A cama com seu pavilhão ou sobrecéu só surge ocasionalmente e nas casas de grande prosápia. Como exceção, cabe citar a de Gonçalo Pires, tão justamente célebre. Sabe-se pela narrativa de Afonso de Taunay como requisitada e, por fim, apreendida pelos camaristas para uso no Ouvidor Geral da Repartição do Sul, durante a sua estada em São Paulo, em 1620, passados sete anos ainda não a queria de volta o dono, alegando prejuízo sério. Para os homens bons da vila a presença desse móvel em casa de um simples oficial mecânico, como Gonçalves Pires, que era precisamente carpinteiro, deveria parecer coisa extraordinária, quase escandalosa. Isso parece explicar cabalmente sua atitude arbitrária. Em verdade não era essa cama, a única existente na época em São Paulo. Existia ainda a de Gaspar Cubas e de sua mulher Isabel Sobrinha. Quando esta veio a morrer, em 1619, o Juiz de Órfãos, Antônio Teles, mandou que se avaliasse o pavilhão, o que foi feito, e deixou a cama ao dito Gaspar Cubas... "por ser pessoa nobre".

Podem contar-se as demais camas assinaladas nos inventários de São Paulo durante todo o correr do século XVII. Há, por exemplo, a de Diogo

Dias de Moura, em 1627. Em 1651, o leito de jacarandá, com sua grade, que pertencera a Valentim de Barros. E três anos mais tarde, as duas camas de Diogo Coutinho de Melo, uma das quais, com seus dois colchões, de lã e de macela, dois lençóis de linho com rendas, travesseiros e almofadas também de linho, cobertor de damasco alaranjado com forro de baeta verde, pavilhão de pano de algodão com rendas, e um catre novo, é avaliado em nada menos do que vinte mil réis. Quantia então apreciável, principalmente quando consideramos que por vinte e cinco mil réis se orçara, em 1649, o lanço de casas deixado por Catarina do Prado à rua de São Bento, quase no coração da vila. Mas vinte e cinco mil réis é também, em 1664, o preço da cama de Pascoal Leite Pais, com seu forro de tafetá azul e cortinas e sobrecéu com franja de retrós. Dois decênios depois não alcançará, entretanto, mais de oito mil réis o leito de Marcelino de Camargo, embora de jacarandá todo "pranzeado".(sic)

Essa meia dúzia de leitos e camas é tudo quanto podemos encontrar nos inventários seiscentistas de São Paulo. Aos poucos e na medida em que os paulistas vão adotando costumes mais civis e urbanos é que a presença das camas de madeira, substituindo-se às de algodão tecido – esses leitos da terra como diziam os primeiros cronistas – deixam de constituir uma rara exceção. Mas seria preciso esperar pelo século XIX para assistirmos ao seu triunfo total e definitivo.

Há cem anos já se podia dizer que da antiga indústria doméstica de tecelagem só restavam, na província de São Paulo, as redes sorocabanas, tão disputadas pelos negociantes de animais durante as feiras. Com o desaparecimento das feiras, desterradas afinal pelo caminho de ferro, também acabam praticamente as redes e as redeiras. O que ainda hoje nos resta destas últimas e muito pouco – uma única na cidade de Sorocaba e uma ou outra pelos arredores, informa-nos o Sr. Aluísio de Almeida. Mas é por intermédio delas, e também das tecedeiras de Cuiabá – antiga colônia de sorocabanos e ituanos – que podemos ainda conhecer alguma coisa dessa indústria caseira, outrora tão florescente em toda a Capitania de São Paulo.

(Reproduzido com autorização do autor.)

Um fazendeiro e sua esposa em viagem.
Desenho do livro Henry Koster. Gravura da primeira década do séc. XIX.

Poema da Minha Rede

Jayme de Altavila

Foram as mãos morenas das mulheres tabajaras
Que, sob as árvores centenárias do Brasil,
Teceram as tuas malhas com fios do algodão.
Foram elas que te inventaram, minha rede,
Por isso tens o cheiro das ramagens verdes
E o gosto bom da solidão.

Embalaste o sono volutuoso dos pajés,
Sob o colmo das cabanas de ouricuris.
Foste suspensa nos galhos floridos dos cajueiros,
Assististe as poracês das luas novas
E, deitadas em teu côncavo amoroso,
As crianças nativas
Pronunciaram as primeiras palavras guaranis.

Rede boa, alma sonhadora do sertão.
Confidente da saudade e da esperança,
Entre os teus dois armadores
Eu embalo o meu coração.

No teu vaivém adormeço os meus desejos
Como as mucamas adormeceram os filhos dos senhores,
A luz das candeias de azeite,
Nos solares coloniais:

> *Drôme, drôme, meu menino,*
> *Drôme, drôme, meu amô.*
> *No presépe de Belém*
> *Dormiu Jesú, Salvadô.*

Quando a noite se adianta,
Quando cessa o bulício dos homens nas ruas,
E há no céu u'a música de acalanto,
Abro a minha janela para as estrelas
E deito em teu remanso a cabeça cansada.

– Rem... Rem... Rem... Rem...
Um pensamento vai... Um pensamento vem...

Minha rede macia, de varanda rendada,
A vida e a morte são teus punhos,
É melhor esquecer todo o mal, todo o bem...

– Rem... Rem... Rem... Rem...

"Canto Nativo" (Versos). 1949. Maceió.

Rede de Dormir

Jaime dos G. Wanderley

Berço de velhas gerações passadas!
Santuário de inocência, amor e graças!
Tu embalaste, em eras transmontadas,
frutos, inda imaturos, de três raças!

Deste ao Brasil, humildes ou opulentas,
à luz dos luares ou ao clarão dos sóis,
com o símbolo histórico que ostentas,
bravas legiões de mártires e de heróis.

E assim, branquinha, leve, envarandada,
bem, serviste ao orgulho das Sinhás,
donas da Casa Grande, enguirlandada
da pompa dos brasões coloniais.

E, em angústia atroz, cruenta e brava,
embalaste, no escuro das senzalas,
o negrinho faminto da escrava
que, sofrendo, gemia, a soluçar,
porque o leite do gordo seio franco,
que a mamãe tinha, para o alimentar,
serviu para engordar o "filho branco"!

Quantas juras, em ti, foram juradas!
Quantos sonhos, em flor, foram sonhados!
Quantas quimeras foram desfolhadas,
nas promessas de amor dos namorados!
Quantos beijos ardentes escutaste,
de lábios que, hoje, em vão, ainda exortas!
Quantos ais... Quanta lágrima enxugaste,
de olhares a chorar venturas mortas!

*Redinha de dormir! Sorte malsã
tem sido a tua, pela vida em fora.
Tua espontânea bondade é sempre vã,
em confortar a angústia de quem chora!
E se assistes, ainda, a dor humana,
de corpos, que se estorcem de agonia,
passada a dor dessa tortura insana,
conduze-os, no teu seio, à tumba fria...*

*Redinha de algodão, macia e suave,
que embalas, na alegria, corações!
Rede de Macambira, Croá, Agave,
ninho angustiado de desilusões,
trouxeste a sina que te deram Fadas,
e a carpes entre venturas mais escassas,
embalando, em tuas tramas delicadas,
frutos, inda imaturos, de três raças...*
....

*Lua Nova! Redinha que alvejou
pelo espaço, entre nuvens as mais belas!
Sei... Foi Nossa Senhora quem te armou,
para, de noite, ir ninar estrelas.*

Cidade do Natal, 29 de julho de 1957.

Cântico em Louvor da Rede de Dormir

J. Freire Ribeiro

Nos velhos engenhos,
nos grandes sobrados
das terras do norte,
as redes bonitas
de lindas varandas
da cor do luar!...
Recordo o passado:
meu avô, homem feito,
formado em Direito,
lembrando o Recife
deitado na rede
de papo-pro-ar!

Sinhazinha, velhinha,
sentada na rede,
falando sozinha
com os olhos tão cheios
das sombras do além.
Sinhazinha, coitada,
na rede deitada,
na rede que vai,
que vai e que vem!

Nas longas estradas,
nas doces paradas,
deitados nas redes
descansam tropeiros
das grandes jornadas,
nas árvores belas,
olhando as estrelas
perdidas no céu!...

*Nos lares humildes,
na casa dos ricos
as redes balançam
inocentes meninos.
A mãe vai cantando
o filho embalando
canções mais suaves
lembrando essas aves
dos reinos de Deus!*

*A rede é também
caixão de defunto:
o morto dormindo
um sono gostoso
embalado na rede.
O morto, coitado,
não teve dinheiro,
não comprou o caixão,
e assim vai levado
embalado na rede
até que é jogado
no fundo do chão!*

*Lua-nova é uma rede
de prata, fulgindo
no céu tão profundo!*

*Deus descansa na lua
que linda, flutua,
vendo as dores dos homens
sofrendo, no mundo!*

Aracaju, 6 de agosto de 1957.

A Preguiça da Raça

Jayme Griz

Rede.
Rede.
Rede.
Muita rede!

Rede armada de Norte a Sul,
Rede gemendo por todo lugar...

E no Hino Nacional,
Consagrada,
A nossa preguiça,
A nossa vasta e gostosa preguiça,
Afrontando o dinamismo universal:

"Deitado eternamente em berço esplêndido"...

"Rio Una", Poemas, 147, Recife, 1951.

A Rede, A Grande Inimiga da Civilização Nordestina

Vicente do Rego Monteiro

*F*oi a rede que ensinou ao ameríndio a indolência. Foi a rede que nos tempos coloniais induziu aos gorduchos senhores e finas donzelas à preguiçosa sonolência das sestas.

Foi a rede que ensinou ao mestiço a inconstância, e as migrações constantes.

Rede que se enrola e que se transporta às costas, sem saudade nem apego ao rancho acolhedor.

A rede e o seu inseparável alcoviteiro de flandres e duzentos réis são os grandes culpados da instabilidade das povoações nordestinas. A qualquer grito de alarma; à menor dificuldade existente entre o proprietário e o seu morador, um grito, e lá se vai a rede enrolada em forma de matulão, a miuçalha à frente puxando a matrona, que segue levando nos braços o filho mais novo, o alcoviteiro de flandres na ponta do dedo... e o chefe da família montando o seu gancho (cavalo ou jumento), acompanha a tropa, fazendo estralar a ponta do relho.

Proprietários, senhores de engenho, usineiros, plantadores de café e de algodão, facilitai aos vossos moradores a confecção de móveis pesados em sucupira, pau-d'arco ou pau ferro, mesas, armários, leitos e baús bem pesados a fim de prendê-los, enraizando-os à terra. O amor à casa é o segredo da civilização.

O nômade no seu estado primitivo sempre usou da rede e dos abrigos fáceis e desmontáveis: o amor à casa e aos móveis, ao interior amigo e confortável, é que transformou os bárbaros em civilizados, e criou o amor à Pátria.

"Fronteiras", Anno VII, N° 11. Novembro de 1938. Recife.

Usos e Costumes Mato-Grossenses

Cid Craveiro Costa

O hábito de dormir em redes, característico das populações citadinas e rurais do norte do Estado de Mato Grosso, vem de tempos coloniais, para ali transplantado pelos paulistas, na época das penetrações bandeirantes e do povoamento de Cuiabá.

A sua origem, entretanto, seria indígena, pois mesmo entre as tribos que habitavam o Estado, algumas delas a usavam, confeccionando-as com fios extremamente resistentes da fibra do tucum (bactris setona Mart). Ainda hoje os nhambiquaras fabricam suas redes desse mesmo material, existindo alguns exemplares na Inspetoria Regional de Proteção aos Índios, em Cuiabá, habilmente tramados.

Devem ter sido responsáveis pela sua adoção fatores diversos, não sendo estranhas ao fato o clima tropical da região, a falta de mão-de-obra especializada na confecção de camas e a extrema mobilidade das populações, deslocadas continuamente ao sabor das descobertas do ouro e das incursões freqüentes pela adustez dos sertões desconhecidos, sem tempo de se fixarem em parte alguma.

O seu fácil transporte a tiracolo, sem prejuízo da liberdade de movimentos e do uso oportuno das mãos no manejo de instrumentos ou das armas, ou ainda nos "sacos de mala" firmados nas ancas das montarias, podendo ser armado praticamente em qualquer lugar, e na pior das hipóteses servindo de agasalho, contribuiu para o seu uso generalizado, transmitido a todas as classes sociais.

No período escravagista as propriedades rurais se firmavam em regime de auto-suficiência quase completo, produzindo de tudo quanto necessitavam, com exceção de poucos artigos que eram importados de São Paulo, Rio de Janeiro ou da Europa.

Abordando essa particularidade da vida rural no norte do Estado, assim se exprime Virgílio Corrêa Filho, em sua documentada monografia "Fazendas de gado no pantanal mato-grossense":

"No ermo, vigiado pelo silvícola bravio, não havia lugar para os fracos e solitários, ainda que destemidos. Múltiplos perigos abreviaram-lhe a existência, cuja conservação exigia a composição de forças coordenadas pela solidariedade humana. Somente aos condutores de homens, que evidenciassem capacidade incontrastável de agremiá-los e dirigir, seria dado povoar o deserto, com o centro de interesse assinalado pelo seu próprio estabelecimento agropastoril. Deviam possuir e exercitar altas qualidades de comando, cuja carência lhes seria fatal.

Daí se cansou a espontânea formação senhoril, que repetia no recanto ocidental do Brasil imperial aspectos anacrônicos de feudalismo. Assim Jacobina, bem que relativamente mais próxima da Capital do que outra qualquer propriedade semelhante, diligenciava enquadrar-se no regime de economia confinada, decorrente das circunstâncias de núcleo povoador, cujo governo particular por vezes dispensava, quando não rechaçava, a assistência oficial.

Os paióis, acogulados de produtos agrícolas, atendiam as solicitações dos consumidores, não raro longínquos.

As moendas de cana, torneadas de jatobá, ou análoga madeira de lei, pelos seus carapinas, completavam a maquinaria rudimentar, em que se enformava a rapadura, o açúcar de barro, ou se alambicava a aguardente.

O algodão arbóreo, rim-de-boi (Gossypium brasiliensis), fornecia matéria-prima aos teares, manobrados por hábeis escravos, que teciam os panos destinados ao uso geral.

Seleiros e forjadores cuidavam de seus ofícios, como igualmente alfaiates e carpinteiros.

Era afinal, um povoado que prescindia de artigos de importação, além do mínimo indispensável, constituído principalmente por sal, ferramentas, bebidas e tecidos finos, adquiridos com diminuta parcela proveniente da exportação de gêneros alimentícios e de gado em pé."

Como bem observou o historiador patrício, a cultura do algodão rim-de-boi era generalizada a todas as fazendas e sítios. Encarregavam-se as escravas do preparo dos fios e de tecelagem propriamente dita, em teares apropriados, inclusive das redes de dormir, de que todos, indistintamente, da senzala à "casa-grande", faziam uso.

De acordo com a destinação, variava a qualidade, o tamanho e o material empregado na feitura de uma rede. Assim que a de uso de um escravo, denominada de "carregação", ou "timba", além de menor em tamanho e largura, não possuía "varandas", não requeria na sua confecção, fios de primeira qualidade e nem tingidos, além de ser de tessitura apressada, que lhe acarretava precoce deformação, distendendo mais de um lado que de outro, obrigando o ocupante a um precário equilíbrio durante o sono.

A destinada à "casa-grande", entretanto, eram dispensados cuidados especiais quanto aos fios e mão-de-obra. Aqueles deveriam ser escolhidos pela uniformidade da grossura e depois submetidos a tinturas com anilinas de cores variadas, que combinavam na tecitura listras ou quadrículas uniformes. O processo de tecelagem era igualmente esmerado, sendo entregue às redeiras que à habilidade indispensável aliasse pendores artísticos para a execução das combinações das cores e dos "lavrados". As tramas deviam ser bem acochadas para que evitassem enrugamentos e constituíssem uma tessitura uniforme, isenta de distensão prejudicial ao equilíbrio da rede.

Outras redes ainda, destinadas a presentes de casamento das filhas, para obsequiarem amigos ou para hospedagem de personalidades de destaque ou parentes, eram confeccionadas com requintado luxo, ao qual não faltavam trabalhos complementares constituídos de desenhos geométricos, pontos de cruz, paisagens, figuras mitológicas ou representativas da flora e da fauna regional, destacadamente as aves ornamentais, em que se esmeravam as fiandeiras supervisionadas pelas patroas.

Completavam o trabalho de tecelagem e "lavrados" as luxuosas "varandas", de 30 a 60 centímetros de largura, feitas a capricho de fios de seda ou linho, em pontos de renda, bordado ou bilro, terminadas em bambolins, que eram pregadas às bordas, em toda a extensão da rede.

Ainda hoje, guardadas como relíquias de família, podem ser vistas algumas dessas redes que recordam aos seus possuidores a vida solarenga dos antepassados.

O uso da rede para dormir generalizou-se de forma tão completa que a extinção do artesanato escravo obrigou o cuiabano a importá-la do Ceará.

Descrevendo o ambiente social do cuiabano no meio rural, acrescenta Virgílio Corrêa Filho na monografia já citada:

> "A carência de camas supria-se pela abundância de redes, armadas ao anoitecer e retiradas pela manhã, de sorte que permaneciam os dormitórios espaçosos e vazios durante o dia, centralizados pelo moirão, que permitia aumentar o número de armadores, além dos existentes em cada canto."

A partir da segunda década do século atual, o uso das redes de dormir começou a decair nas cidades, substituídas pelas camas. Contribuíram para isso as modificações introduzidas nas relações entre as famílias, cujas casas eram até então hospedarias obrigatórias dos visitantes e forasteiros recomendados; o aparecimento conseqüente dos hotéis e pensões; os processos renovadores adotados nas construções das modernas residências; a diminuição das peças de que se compunham os antigos solares patriarcais etc.

Existe, entretanto, uma minoria refratária ao novo engenho, embora a ele se entregue nas noites em que o frio convide a um melhor repouso.

Na zona rural, essa substituição vem sendo realizada com maior lentidão, sendo ainda bastante generalizado o uso das redes, principalmente pelos homens e as crianças. Os vaqueiros ou peões, entretanto, permanecem ainda fiéis ao costume tradicional.

Tendo herdado dos antigos a arte da tecelagem, Várzea Grande é o único município mato-grossense onde se desenvolve a fiação de redes de dormir.

Antigo pouso de vaqueiros, a sede deste município formou-se ao longo de estrada boiadeira que demandava Cuiabá, até hoje conservando característica própria, com a rua principal larga e sinuosa demarcando a antiga trilha das boiadas. Aí acampavam os boiadeiros e tropeiros vindos de outros Municípios, após a guarda do gado nos currais e da tropa nos "alambrados", armando suas redes para o pernoite nos galpões cobertos de palha.

De regresso às fazendas era certo que comumente adquirissem algumas redes para uso próprio ou para atenderem encomendas, impulsionando dessa forma a sua produção.

A capital do Estado, por sua vez, sempre foi mercado comprador importante, não só para consumo próprio como para exportação para outros municípios, notadamente Santo Antônio de Leverger, Barão de Melgaço e Corumbá.

Em que pesem tais fatores de estímulo, a indústria não excedeu aos limites do artesanato nela se aplicando apenas as mulheres, utilizando-se dos mesmos rudimentares instrumentos do século passado.

Era de supor que paralelamente se desenvolvesse a cultura do algodão para alimentar a atividade.

Isso, entretanto, não ocorreu.

Não se cultiva no Município o algodão, quer do tipo rim-de-boi ancestral, quer de outros tipos modernos, de maior rendimento e melhor fibra.

Os fios de algodão primitivamente saídos dos fusos caseiros, foram totalmente substituídos pelos de importação.

As redes atualmente fabricadas não se diferenciam das antigas, podendo ser catalogadas nos tipos popular e especial.

As populares, geralmente de fios de algodão puro, de uma só cor ou listradas, medem mais ou menos 1,80m × 1,20m. São providas de estreitas varandas do mesmo fio, de 15 a 30 centímetros de largura, ou completamente sem varandas.

Nas do tipo especial são empregados fios de várias espécies, inclusive de linho ou seda, não raro de procedência estrangeira. Medem até 2,20m × 1,50m, ou mais, são providas de varandas caprichosas de 30 a 60 centímetros, e trabalhadas em todo o seu corpo de lavrados do mesmo fio ou de seda. Para a confecção destes lavrados, inspiram-se nos mesmos motivos antigos, não raro interpretados com muita habilidade e arte.

Toda a produção de redes é vendida no próprio município e na praça de Cuiabá, onde existe uma casa especializada no seu comércio. Alguns ambulantes oferecem-nas de porta em porta, nas residências e principalmente nos hotéis, onde muitos forasteiros se interessam pela sua aquisição para uso próprio, para obsequiar pessoas amigas ou como simples "souvenirs".

Os seus preços variam entre quinhentos a oitocentos cruzeiros para as do tipo popular, alcançando as especiais preços mais avultados, atingindo não raro a casa dos cinco, até oito mil cruzeiros.

Não é fácil avaliar o total da produção. Sendo sua indústria essencialmente caseira e disseminada por toda região, é praticamente impossível levantar uma estatística razoável a esse respeito. Entretanto, pode-se afirmar que sejam produzidas anualmente mais de duas mil redes de todos os tipos.

Essa produção, por sua vez não satisfaz ao consumo, continuando a serem importadas as redes cearenses.

Embora a classe média tenha cada vez mais se afeiçoado ao uso de camas para dormir, dificilmente será encontrado um lar cuiabano em que, nalguma dependência, não se observem os clássicos armadores e neles, estendida, uma rede para a sesta ou para o embalanço de uma criança.

Cuiabá – Outubro de 1957.

Numa Rede

Gilka Machado

Bem sei por que me sinto criança,
quando uma rede me embalança!
– é que há na rede um ritmo igual
ao da canção lenta e macia,
com que eu, em criança, adormecia
no fofo seio maternal.

A minha rede é mansa, mansa
de me agradar nunca se cansa,
é a minha amiga mais perfeita;
como ao meu gosto se conforma,
e do meu corpo toma a forma,
e toda a mim se torna afeita!

A minha rede no ar se lança,
como num mar todo bonança;
nele navego em ondas de ar,
para um país que é o da Quimera,
de onde me acena alguém e espera
alguém que eu vivo a desejar.

A rede tem o gesto e a nuança
da hesitação: recua... avança...
e ao seu balanço leve e lento,
por mais que nela o corpo encolha,
sinto-me frágil como a folha,
julgo-me toda entregue ao Vento.

Qual uma larga e basta frança,
a rede vai e vem, balança...
e adormecendo ao seu vaivém,
sobre o seu corpo quase fluido,
sonho-me posta, com descuido,
nos braços langues desse alguém...

Na rede o corpo, a rir, descansa,
como num sonho uma esperança.
Dos meus pesares esquecida,
muito ao meu gosto posta, vede:
ao mole embalo de uma rede,
fico oscilando para a Vida...

"Estados de Alma", Rio de Janeiro, 1917

Toada de Vissungo Para Carregar Defunto na Rede

Dulce Martins Lamas

O professor Silva Novo transcreve fragmentos do "Vissungo" gravado no (disco 57 B, *b*) TOADA DE VISSUNGO PARA CARREGAR DEFUNTO NA REDE, confessando ser impossível reproduzi-lo integralmente em grafia musical. Este canto é intercalado de partes declamadas, com expressão patética:

RELAÇÕES DOS DISCOS GRAVADOS NO ESTADO DE MINAS GERAIS (fevereiro de 1944). Publicações do Centro de Pesquisas Folclóricas. Escola Nacional de Música. Universidade do Brasil. Rio de Janeiro. MCMLVI, pág. 76.

Sobre a Rede de Dormir

José Carvalho
(1872-1933)

Em Santarém, um patrício chega ao costado do vapor, com uma canoa carregada de melancias. Vendeu-as todas, rapidamente. Depois, subiu para bordo, e foi comprar objetos na "siganagem" do vapor. Quando voltou, encontrou sua canoa cheia d'água; quase alagada!

E então gritou:

— Quem foi o "miserave" que alagou "mia" canoa?

Uma voz respondeu:

— Foi aquele sujeito que já vai acolá, remando!

O vendedor da melancia explodiu:

— Deixa-te está, "miserave", qui quando tua mãe morrê, minha rede bota luto!

* * *

Quando a imprensa de Belém começou a divulgar a notícia do "raid" dos jangadeiros de Aracari, um cearense, meio espevitado, me procurou para dizer-me:

— O senhor já viu que gente besta esta! Tão dizendo que os jangadeiros vem em rede (raid). Antonce se pode armá rede em jangada?

— Eles vem, mas é em pé, no duro! ou quando muito de cóca. Jangada é vapô?

— Gente besta!

* * *

Nos sertões do Nordeste, se carregam os defuntos em redes para os cemitérios, distantes.

E todos os moradores das margens das estradas prestam seu concurso piedoso, carregando a rede e o defunto até serem rendidos por outros. E os carregadores, por sua vez, vão avisando e chamando os moradores com este brado:

– Chega, irmão das almas!

E ninguém se nega a esse dever cristão.

Uma noite, para o cemitério do Crato, ia sendo carregado numa rede um defunto. E o brado, de vez em quando, se fazia ouvir:

– Chega, irmão das almas! – E alguns, que carregavam a rede, chegaram a observar:

– Defunto pesado!

O encarregado do enterro respondia:

– Morreu com todo o corpo!

Ao chegar à porta do cemitério, tarde da noite, estando este fechado, o "parente do morto" despediu os carregadores, dizendo que o enterro se faria no dia seguinte.

Mas no dia seguinte não apareceu para ser enterrado corpo algum, porque... o "defunto", não era mais que um gordo e cevado porco, que os meliantes haviam furtado e trazido à cidade por aquele meio.

* * *

LUA... DE MEL?

O vapor é cargueiro, com poucas acomodações para passageiros: é o "Satélite"; mas, ainda assim, recebeu em Fortaleza uma grande leva de emigrantes. Vão apinhados como sardinhas e tratados como porcos, comendo uma mixórdia infecta, distribuída em bacias de folhas de Flandres.

Nesta amálgama de infelizes proscritos, um par de jovens, moços e fortes, fazia "a sua viagem de núpcias". Eram bem moços ainda; ele era um sertanejo musculoso, vibrátil, fisionomia franca, olhar brilhante e vivo; ela uma sertaneja linda, corada, carnação sadia, seios rígidos, provocadores.

Dir-se-ia que aquele belo casal de pombos sertanejos tinha naquele mesmo dia emigrado de uma longínqua fazenda do sertão, onde se alimentava com o leite nutritivo e farto da vacaria nédia. E estavam ali, unidos, amando-se, um pertencente ao outro, vendo-se, lábios quase tocando lábios, olhares mergulhados em olhares, peito quase de encontro ao peito, mas... dentro de um chiqueiro asqueroso, imundo, asfixiante, nauseabundo, e, demais, acotovelados a todo instante, pelos vizinhos, mal-acomodados nas suas redes, fiscalizados por centenas de olhares indiscretos, maliciosos, e alvejados por sorrisos irônicos. E não tinham os noivos, um canto para onde correr, uma sombra onde fugir, um anteparo onde se esconder.

As redes eram armadas em tudo que as podia sustentar, em todas as direções, umas por cima das outras, atropelando-se, chocando-se, empurrando-se, oscilando ao sabor das guinadas do navio.

E a viagem duraria, ainda, muitos dias e noites ansiosas.

Para o casal, só pôde ser amarrada uma rede; e isto mesmo com muito esforço, porque o emigrante, sem prática daquela vida, se tinha retardado na procura de melhor lugar.

E era aquela miserável rede, sacudida de tombos, devassada, dia e noite, alvejada pelos olhares cúpidos e malévolos dos indiscretos, o tálamo do seu amor!

Sim! porque eles deitados, enrodilhavam-se na rede, retorciam-na em muitas viravoltas, de sorte que os punhos ficavam tesos como cordas, e, espremidos, chumbados um ao outro, amalgamados, ficavam estirados dentro daquela seringa, e assim, passavam horas e horas amortalhados, anelantes, indiferentes aos tombos e aos encontrões.

Como naquela asfixia, se lhes rareasse o ar, os pulmões funcionavam com tal violência que, de fora, se estava vendo o arfar rítmico dos tóraxes, como se fosse a rede que resfolegasse.

Pobre filho do Ceará! – a história da tua desgraça não se limita somente a ver os teus filhos pequeninos morrerem de fome e de sede nas estradas calcinadas dos teus sertões, que não desamas, nunca:

Os teus noivos viris e as tuas noivas gentis, também passam a sua lua de mel, e fazem a sua viagem de núpcias, no mar, emigrando... na esterqueira dos porcos do "Satélite"!

A delicadeza de sua sensibilidade artística: dizia ele, na sua voz cantada, alta, característica do fazendeiro nortista:

– Presenciei um quadro de que nunca me esqueci: ia eu a cavalo e ao passar em frente da choupana de um pobre, um pouco afastada da estrada e quase oculta no mato, ouvi uma cantiga, em voz de mulher, que acalentava o filho, que chorava.

Parei, para melhor ouvir aquela música, e observei que além da cantiga, e o choro da criança, havia também o ranger da rede gritando nos armadores; e aqueles três sons, combinados, formavam uma verdadeira harmonia, que me encantou e que jamais esqueci.

Esse quadro de Bembém inspirou-me os seguintes versos que publiquei no "Pão", órgão da "padaria espiritual", no Ceará:

*Na pobre choça perdida
À sombra do matagal,
Ouve-se a queixa sentida
De uma canção maternal.*

*O choro de uma criança,
Doente, talvez, sem pão,
Que a mãe na rede embalança,
Ouve-se unida à canção.*

*E a rede, constantemente,
A ranger nos armadores,
Completa o hino plangente
Que morre nos arredores.*

Os versos são meus; mas o quadro, como fica dito, é dele.

"O Matuto Cearense e o Caboclo do Pará", Pará, Belém, 1930.

Madorna de Iaiá

Jorge de Lima
(1893-1953)

Iaiá está na rede de tucum.
A mucama de Iaiá tange os piuns,
balança a rede,
canta um lundum
tão bambo, tão molengo, tão dengoso,
que Iaiá tem vontade de dormir.

      Com quem?

Rem-rem.

Que preguiça, que calor!
Iaiá tira a camisa,
toma aluá,
prende o cocó,
limpa o suor,
pula pra rede.

Mas que cheiro gostoso tem Iaiá!
Que vontade doida de dormir...

      Com quem?

Cheiro de mel da casa das caldeiras!
O saguim de Iaiá dorme num coco.

Iaiá ferra no sono,
prende a cabeça,
abre-se a rede,
como uma ingá.

Pára a mucama de cantar,
tange os piuns,
cala o rem-rem,
abre a janela,
olha o curral:
– um bruto sossego no curral!

Muito longe uma peitica faz si-dó...
si-dó... si-dó... si-dó...

Antes que Iaiá corte a madorna,
a moleca de Iaiá
balança a rede,
tange os piuns,
canta um lundum
tão bambo,
tão molengo,
tão dengoso,
que Iaiá sem se acordar,
se coça,
se estira
e se abre toda, na rede de tucum.

Sonha com quem?

"Novos Poemas", Rio de Janeiro, 1929.

A Nossa Cela

Segundo Wanderley
(1860-1909)

A forma é dum caixão perfeito, geométrico,
O teto velho, gasto, imundo e sepulcral;
Aberto todo o chão, em fendas e buracos,
De enormes punarés morada colossal.

Ao fundo uma janela e junto uma mesinha
Que serve para estudo e presta-se ao jantar;
Dispostos numa estante um tanto empoeirada
Os livros da Ciência heróica de curar.

E sobre a tosca estante um mundo de tetéias
Por entre as quais se ostenta impávido, de pé,
O espantalho bom do sono e da preguiça:
Ferrujado perfil da máquina de café.

De um lado velha escada estreita e carunchosa,
Carcomido espinhaço em linha vertical;
De outro um gasto armário, um coito de baratas,
Com ossos um caixão, sem vela um castiçal.

Mais uma cama além, de lona, esburacada,
De percevejos maus morada permanente,
Com água dois jarrões num canto, encafuados,
E o copo de beber dependurado em frente.

No canto mais escuro um certo vaso oculta-se,
Que bons serviços presta em certa ocasião...
Aqui, ali, baús, cabides, roupa suja
E pontas de cigarros, esparsas pelo chão.

*Como um tórax enorme a ressoar monótono
Ao mórbido pulsar de enfermo coração,
Um pêndulo fatal nos marca inexorável
Os minutos de ócio e as horas da lição.*

*Pregada na parede a tábua onde resolvem-se
Problemas de Ganot e fórmulas de Teixeira;
Uma garrafa exausta, e junto, a contemplar-nos
As órbitas, sem luz, de sepulcral caveira.*

*Três tipóias, enfim, nos punhos esticadas,
Da cela em meio estão e dentro, mudos, graves,
Três bichos estudando os pontos para exame:
– Segundo Wanderley, Marçal e Arthur Chaves.*

"Poesias", terceira edição. Natal. 1955. Os versos devem ser de 1880 e o grande poeta norte-rio-grandense evoca a "república" típica de estudantes. Cursava então o 1º ano médico na Cidade do Salvador, Bahia.

REDE

Jorge Fernandes
(1887-1953)

Embaladora do sono...
Balanço dos alpendres e dos ranchos...
E vaivém nas modinhas langorosas...
Professora de violões...
Tipóia dos amores nordestinos...
Grande... larga e forte... para casais...
Berço de grande raça
Suspensa...
Guardadoura de sonhos...
Pra madorna ao meio-dia...
Grande... côncava...
Lá no fundo dorme um bichinho
– ô... ô... ô... ô... ô... ôôôôôôôôô
– Balança o punho da rede pro menino dormir...

"Livro de Poemas", Natal. 1927.

Na Roça

Na rede luxuosa que estava amarrada
Nos troncos do ingá,
Por sua mucama de leve agitada
Dormia Sinhá.

Cantavam as aves das verdes mangueiras
Nos ramos frondosos!
E ao longe os colonos nas vastas clareiras
Cantavam saudosos!

Dormia a crioula tranqüila e inocente
Talvez a sonhar...
Tudo era silêncio! Porém de repente
Ouviu-se o rugido do feroz jaguar!

Tremendo a mucama qual débil palmeira,
Um grito soltou;
Enquanto que a fera, soberba, altaneira,
Por entre a ramagem medonha assomou!

Ao ver Sinhazinha dormir brandamente
A fera estacara...
A pobre liberta, de medo, tremente,
Estática, imóvel, transida ficara!

Segundo rugido soltou sibilante
O rubro jaguar,
E lesto qual gamo, cruel, coruscante,
Um pulo p'ra rede já ia formar...

Mas eis que na relva se escuta um ruído,
E um tiro partiu.
A fera soltando medonho rugido
C'o olhar desvairado, pesada, caiu!

....

Seus últimos véus o sol já enviava,
A lua surgia!
Na rede a crioula dormia e sonhava,
E a pobre mucama convulsa tremia.

Melo Moraes Filho "Serenatas e Saraus", III, Garnier, Rio de Janeiro, 1902. Sem nome do autor.

A Sesta

Gonçalves Crêspo
(1843-1883)

Na rede, que um negro moroso balança,
Qual berço de espumas,
Formosa crioula repousa e dormita,
Enquanto a mucamba nos ares agita
Um leque de plumas.

Na rede perpassam as trêmulas sombras
Dos altos bambus;
E dorme a crioula, de manso embalada,
Pendidos os braços da rede nevada
Mimosos e nus.

A rede, que os ares em torno perfuma
De vivos aromas,
De súbito pára, que o negro indolente
Espreita lascivo da bela dormente
As túmidas pomas.

Na rede, suspensa dos ramos erguidos
Suspira e sorri
A lânguida moça, cercada de flores;
Aos guinchos dá saltos na esteira de cores
Felpudo sagüi.

Na rede, por vezes, agita-se a bela,
Talvez murmurando
Em sonhos as trovas cadentes, saudosas,
Que triste colono por noites formosas
Descanta chorando.

A rede nos ares de novo flutua,
E a bela a sonhar!
Ao longe nos bosques escuros, cerrados,
De negros cativos os cantos magoados
Soluçam no ar.

Na rede olorosa, silêncio! deixai-a
Dormir em descanso!...
Escravo, balança-lhe a rede serena;
Mestiça, teu leque de plumas acena
De manso, de manso...

O vento que passe tranqüilo, de leve,
Nas folhas do ingá:
As aves que abafem seu canto sentido;
As rodas do engenho não façam ruído,
Que dorme a Sinhá!

"Miniaturas" (1870). Sétima edição, Domingos Barreira Editor, Porto, 1943.

A ROÇA

Fagundes Varela
(1841-1875)

O balanço da rede, o bom fogo
Sob um teto de humilde sapé;
A palestra, os lundus, a viola,
O cigarro, a modinha, o café.

Um robusto alazão, mais ligeiro
Do que o vento que vem do sertão,
Negras crinas, olhar de tormenta,
Pés que apenas rastejam no chão.

E depois um sorrir de roceira,
Meigos gestos, requebros de amor,
Seios nus, braços nus, tranças soltas,
Moles falas, idade de flor.

Beijos dados sem medo ao ar livre,
Risos francos, alegres serões,
Mil brinquedos no campo ao sol posto,
Ao surgir da manhã mil canções:

Eis a vida nas vastas planícies
Ou nos montes da terra da Cruz:
Sobre o solo só flores e glórias,
Sob o céu só mágica e só luz.

Obras Completas, segundo tomo. Rio de Janeiro, sem data (H. Garnier).

NA REDE

Casimiro de Abreu
(1839-1860)

Nas horas ardentes do pino do dia
Aos bosques corri;
E qual linda imagem dos castos amores,
Dormindo e sonhando cercada de flores
Nos bosques a vi!

Dormia deitada na rede de penas
— O céu por dossel,
De leve embalada no quieto balanço
Qual nauta cismando num lago bem manso
Num leve batel!

Dormia e sonhava — no rosto serena
Qual um serafim;
Os cílios pendidos nos olhos tão belos,
E a brisa brincando nos soltos cabelos
De fino cetim!

Dormia e sonhava — formosa embebida
No doce sonhar,
E doce e sereno num mágico anseio
Debaixo das roupas batia-lhe o seio
No seu palpitar!

Dormia e sonhava — a boca entreaberta,
O lábio a sorrir;
No peito cruzados os braços dormentes,
Compridos e lisos quais brancas serpentes
No colo a dormir.

Dormia e sonhava – no sonho de amores
Chamava por mim,
E a voz suspirosa nos lábios morria
Tão terna e tão meiga qual vaga harmonia
De algum bandolim!

Dormia e sonhava – de manso cheguei-me
Sem leve rumor;
Pendi-me tremendo e qual fraco vagido,
Qual sopro da brisa, baixinho ao ouvido
Falei-lhe de amor!...

Ao hálito ardente o peito palpita...
Mas em despertar;
E como nas ânsias dum sonho que é lindo,
A virgem na rede corando e sorrindo...
Beijou-me – a sonhar!

Junho – 1858. "As Primaveras". Rio de Janeiro, 1859.

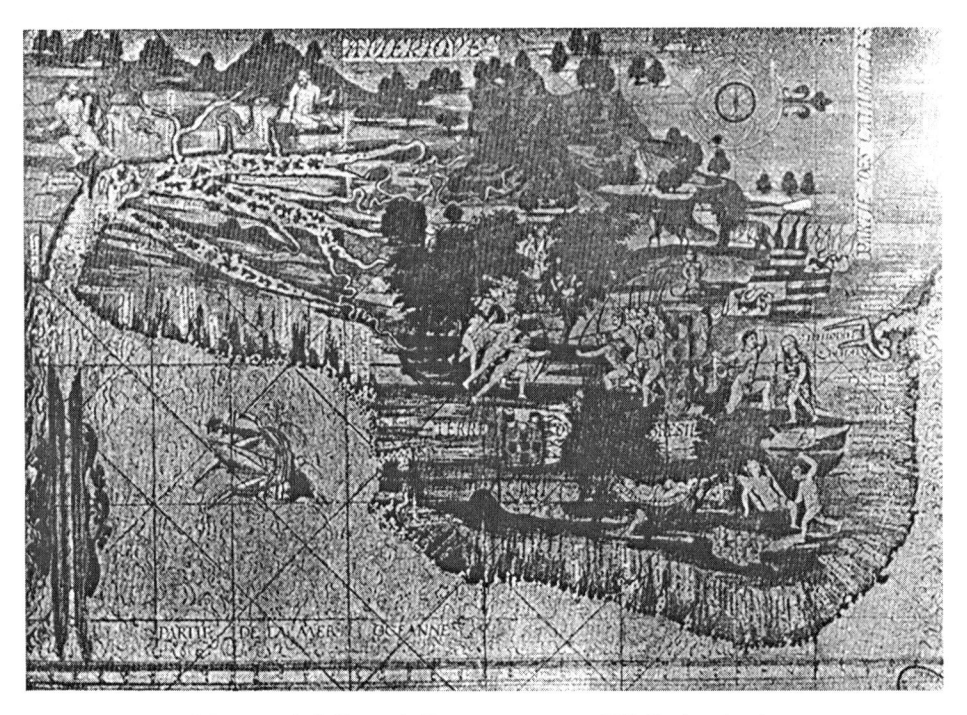

O Portulano de Guillaume Le Testu, composto em 1555. No plano interior,
a primeira rede indígena, figurando num mapa europeu.

HENRY KOSTER GOSTAVA DE REDE

I had with me a trunk with my clothes on one side of the pack-saddle, and a case with some bottles of rum and wine on the other side, and my hammock in the middle; these made one load.

The hammocks are all made of cotton, and are of several sizes and colours, and of various workmanship. Those in use among the lower orders, are made of cotton-cloth, of the manufacture of the country; others are composed of net-work, from which all the several kinds derive the general name of *Rede,* a net; others, again, are knit or woven in long straight threads, knotted across at intervals; these are usually dyed of two or three colours, and to be found in the house of wealthy persons. This species of bed has been adopted from the Indians, and nothing more convenient and better adapted to the climate, could possibly be imagined; it can be wrapped up into a very small compass, and, with the addition of a piece of baise as a coverlid, is usually of sufficient warmth.

"Travels in Brazil", I, Londres, 1816.

A Rede dos Bakairí

Karl von den Steinen
(1855-1929)

A rede dos Bakairi é feita de malhas bastante grossas e tem a forma de um retângulo comprido (2 1/3m × 1 1/4m). As linhas longitudinais são atravessadas, com intervalos irregulares (entre 2 e 3,5cm) pelas transversais; nas malhas pode-se facilmente enfiar o dedo. O tecido é muito simples. Dois fios longitudinais, mas finos, de 1mm de espessura. Deste, em número de quatro, dois correm, ondulados, na frente dos longitudinais, e dois atrás dos mesmos, entre os quais se cruzam. De ambos os lados faz-se um nó com as extremidades dos fios transversais; assim encontram-se, em cada um dos lados compridos, uns 70 nós, feitos com as quatro pontas de fio. O laço que fica livre em cada toco é enrolado, no meio, por um fio, de maneira a deixar de um lado uma colcheta para receber os cordões com que se pendura a rede. Do outro lado partem, deste ponto fixo – divergindo para a rede, quando esta é armada – os fios longitudinais ainda não cruzados pelos fios da trama numa extensão de 30 a 35cm.

Além desta rede típica, de algodão, existe outra, na qual os cadilhos são formados de cordel de fibra de buriti (*Mauritia vinifera,* Mart) e os fios da trama são de algodão. Estes fios transversais de algodão são às vezes muito escassos; os Mehinaku deixavam entre eles uma distância de 10 a 20 cm. As redes de buriti são usadas sobretudo pelas tribos nu-aruak. Os Bakairi mansos do Paratinga também as possuíam; disseram-me que só foram introduzidas entre eles pelo velho Caetano, cacique da aldeia. As redes de fibra de palmeira tinham geralmente comprimento igual ou pouco maior (até 2 ³/₄m) que as de algodão, mas uma largura inferior a um metro, de modo que quase não era possível nelas a posição diagonal cômoda, que, com razão, o brasileiro gosta de tomar.

Uma terceira modalidade resultava de um emprego mais abundante do algodão. Vimos entre os Auetö todos os graus intermediários entre 6-7cm, até 1-2 ou mesmo ½cm de distância entre os fios transversais de algodão. Teciam-nas, finalmente, de modo que ficavam os fios de algodão tão juntos um do outro que encobriam totalmente a fibra de tucum, constituindo um pano quase tão compacto quanto a lona. Nesse tecido a fibra longitudinal de tucum, com uma largura aproximada de 1,5 mm, era envolvida por dois pares de fios transversais de algodão os quais, entre aquela e o seguinte fio longitudinal, se cruzavam não uma, mas duas vezes. Os lados compridos da rede eram naturalmente orlados de grande número de nós próximos um do outro. Nos quatro cantos as extremidades das madeiras se prolongavam um pouco, terminando em borla. Muitas vezes observam-se nesses tecidos, listas transversais azul-pretas, obtidas, de 40 em 40 cms pela aplicação de algodão tinto. Aliás, todas as redes eram de cor parda. Tanto a de algodão como a de fibra de palmeira, que já por natureza é pardo-clara, tomavam uma cor parda suja pelo contato com o corpo ungido com o vermelho do urucu. As redes de algodão puro constituíam uma especialidade dos Bakairi; também eles já possuíam no Kulisehu, redes de buriti. O pano mais consistente era fabricado pelos Auetö. Eram singulares as redes que os Nahuquá tinham para crianças de pouca idade; consistiam simplesmente num feixe de palha amarrado nas duas extremidades.

    Essas formas muito variadas de redes estavam em vias de se uniformizarem. Entre os Suyá dominava ainda o antigo costume dos Gê, i. é, dormiam em grandes esteiras de folhas de palmeira; na época da nossa visita estavam começando a adotar a rede; tinham alguns exemplares e também já as fabricavam. Talvez a arte de tecê-las lhes tivesse sido transmitida pelas mulheres trumaí que as possuíam. Já depois da viagem de 1884 chamei a atenção para o paralelismo existente entre a região do Xingu e a das Guianas, dizendo que tanto lá como aqui a rede de algodão parecia de origem caraíba, sendo proveniente dos Nuaruaque a de fibra de palmeira. Lembrei também que a essa concordância etnográfica corresponde exatamente a lingüística. Em ambos os casos a técnica nasce da arte de trançar, o que difere é só o material. Os mais atrasados eram os Bakairi, que não possuíam o tecido em forma de pano. Também é notável o fato de que os torçais destes, embora preenchessem completamente o seu fim, eram de confecção menos artística que os das outras tribos.

    Podia-se observar uma técnica dirigida em igual sentido numa espécie de esteira-crivo. As hastes eram envolvidas, mais ou menos cerradamente, com o fio de algodão, de modo que se obtinha esteiras consistentes e rígidas, mas ao mesmo tempo muito movediças, entre as quais se compensava a massa de mandioca para espremer o líquido. Vimos também pedaços de pano empregados para o mesmo fim.

    "Entre os aborígines do Brasil Central" – tradução de Egon Schaden, São Paulo, 1940.

A importância decisiva desta página de Karl von den Steinen fixa a rede como elemento permanente e possivelmente milenar entre os Caraíba, aos quais pertence os Bakairi do Rio Culiseu, um dos formadores do Xingu, no Mato Grosso. Os Bakairi não conheciam metais, bebidas fermentadas, bananas, pesca de anzol e sim instrumentos de pedra; plantando milho e algodão, sabendo trançar, fiar e tecer. As redes eram comumente de algodão e também de palmeira Buriti (*Mauritia vinifera,* Mart), tanto pelos Aruaque como igualmente pelos Caraíba.

Karl von den Steinen encontrara-os em 1884. – "O Brasil Central" – Trad. e notas de Catarina Baratz Cannabrava – Brasiliana. São Paulo.

Variações Sobre a Rede

Rachel de Queiroz

Quantas vezes, na minha infância, vi passar na estrada, em frente à casa da fazenda, um cortejo composto de alguns homens que conduziam aos ombros uma rede armada num comprido caibro!

De casa, a gente perguntava: "Vai vivo ou vai morto?". Se era um morto, os homens tiravam o chapéu, as mulheres rezavam o bendito das almas do purgatório.

Se era vivo – algum doente levado ao médico, ou em caminho ao trem para mudar de clima – indagava-se da moléstia, do tratamento, dava-se água aos carregadores, ou até se descansava a rede e mandava-se preparar um café.

Também é costume, quando carregam um defunto, o brado: "Acode, irmão das almas!" soltado pelos do acompanhamento. E o irmão das almas que acorre é obrigado pela lei na sua irmandade a dar auxílio aos carregadores, e ajudar com o fardo até o revezamento próximo.

Pois lá no Norte, não é a rede apenas leviano instrumento de repouso, tal como a consideram aqui pelo Sul: objeto de veranistas, leve encosto para as sestas, pendurado precariamente e à vista dos passantes nas varandas externas das casas ou nos jardins.

A rede nos acompanha desde o primeiro dia ao último – é berço, é leito nupcial, é cama de enfermo, é caixão de morto.

Quando viaja, leva o comboieiro a sua rede a tiracolo, como levam os soldados o seu cobertor ou a sua maca; e o sinal de expulsão que dá a dona da casa ao hóspede recalcitrante é desarmar-lhe a rede.

Ai, quando peno por aqui, no fogaréu do verão carioca, revirando-me no colchão que é igual a uma grelha, a visão de uma rede parece um sonho; a rede é macia, é fresca; é cheirosa; seu embalo suave agita o ar, e mesmo que a temperatura medonha acuse quarenta graus, e a atmosfera pesada seja rígida como um corpo morto – a rede é ao mesmo tempo aconchego e ventilador – vai e vem, vai e vem, refrigerando, acalmando, ninando.

Quão pouco se sabe aqui do real conforto de uma rede! Uma rede, para ser boa, deve ter os seus armadores (e não "ganchos", como diz o sulista ignaro) a mais ou menos um metro e oitenta do solo e a cerca de três metros e meio de distância um do outro. Não deve ser pensa nem ter "cacunda" ou espinhaço: todo o segredo disso está no empunhamento. Se se repuxam os punhos no meio – lá fica a cacunda; e se se afrouxam um pouco nos extremos, pode ficar funda, "de combuca"; se a ponta de um dos punhos dá de si – lá temos a rede pensa, um dos flagelos do conforto sertanejo, especificado entre as "desgraças do homem" da cantiga popular:

*"... rede pensa, lençol curto,
e toco no meio da estrada..."*

Rede de menino novo fica a mais de metro de altura para facilitar à mãe a mudança de fraldas, o acalento do neném; é aberta por duas varinhas, fixadas junto aos punhos, e coberta por um véu. Rede de velho, ao contrário, é rente ao chão para o velho não cair ou se cair não sofrer.

Enfim, há redes de toda espécie, redes de solteiro e redes de casal, redes feitas em teares domésticos, por tecedeiras que passam a arte de mães para filhas; redes de rico, bordadas a ponto de cruz, como tapeçarias, com largas varandas de crochê ou de renda de almofada; e a tipóia humilde do pobre, em xadrez de cores vivas, estreita e curta, produzida em série pelas fábricas e vendidas não só nas lojas mas em toda parte – nas bodegas, nas feiras, nos "mascates" que andam por estradas e ruas.

Fala-se muito no Ceará num engenheiro inglês, Dr. Revy, iniciador das obras do açude de Quixadá. Homem alto, bonito, barba e bigode louros na cara vermelha de bom bebedor, o "marinheiro" (é assim que lá chamamos aos estrangeiros) depressa se afez aos costumes da terra e dava a alma por uma rede e por cachaça. Chamava a rede de "invenção sublime", à cachaça não chamava nada, pois nunca conseguiu dizer direito a nossa palavra e não quis inventar outra, constrangido decerto pelo respeito de devoto.

E quando, destronado o Imperador, foram suspensos os trabalhos do açude, o Dr. Revy levou consigo o costume de se balançar na rede e de matar o bicho à nossa moda.

Aliás não seria ele o primeiro marinheiro a perder a cautela nos balanços de uma rede. Que o diga Martim Soares Moreno, o primeiro deles que a História registra. A rede cheirosa de Iracema ficou como um símbolo de sedução e do mistério atraente da terra. Ainda hoje, a marca registrada de uma das fábricas de redes é a figura de uma índia, armando manhosamente a maqueira macia para o estrangeiro incauto.

Mas voltando ao Dr. Revy; até morrer ficou freguês dos dois vícios adquiridos no Ceará: o balanço da rede e o trago da branquinha.

Depois de velho, morando já na sua terra, todos os anos recebia um carregamento de rede e de aguardente – "as duas delícias da sua aposentadoria", segundo ele próprio escreveu certa vez a um amigo.

Como se arranjaria dormindo em rede, no frio do inverno europeu, é coisa difícil de imaginar. Talvez fizesse como eu faço, exilada como ando neste desterro do Sul: tiro a rede do armador, e torno a armar melancolicamente a cama, até que a friagem acabe.

Talvez – quem sabe? – fosse tudo fita do inglês e ele só usasse a rede para alguma sesta curta à vista dos visitantes; talvez só interessasse mesmo a outra porção do carregamento.

As crônicas não explicam esses detalhes; e acho que fazem muito bem. Nesses casos em que a Europa se curva ante o Brasil, não adianta especular muito. Basta que se satisfaça o orgulho nacional: uma pequena inexatidão a mais ou a menos não altera: pois o fato de que ele importava cachaça e importava redes é exato e indiscutível: ainda vive no Quixadá e em Fortaleza muita gente que foi testemunha disso – creio até que vive aquele amigo que lhe despachava as encomendas.

(Reproduzido com autorização da autora.)

Vocabulário da Rede

BOLOTA DE REDE: Borlas. O mesmo que bonecas.
BONECAS: Borlas ou esfiados em forma campanular. Boneca da mamucaba. Boneca das varandas.
CABRESTILHOS: Cabristilhos. Grupo de três fios fortes, tecidos em 48 "pernas de fios", em trança, cozidos inferiormente ao pano da rede, atravessado pelas duas mamucabas e nas extremidades superiores em volta passa um cordão que desce do punho. A rede menor tem 36 cabrestilhos e a maior, 97.
CAINUNCAI: Rede muito pensa; cai-não-cai.
CORDÃO DE REDE: Fio duplo de algodão que partindo do punho passa pelos três anéis dos cabrestilhos e volta ao ponto de partida. São de 15,20 e mais pares.
FIANGO: Rede velha, pequena, de viagem.
FRANJA: Ola decorativa das varandas; debrum esfiado enfeitando as varandas.
GALÊIO: Galêio do corpo. "A rede é carregada por duas pessoas, que andam em marcha quase acelerada, fazendo um movimento com o corpo ao qual dão o nome de "galêio": movimento que dizem eles ajudar a diminuir o peso"; Alceu Maynard Araujo, "Ritos de Morte", revista *Paulistana*, nº 30, julho-setembro de 1949. O registro é de São Luís de Paraitinga, São Paulo, Galêio é o movimento rápido do corpo, para um lado ou para trás. Requebro.
GRADE DA REDE: O conjunto dos cabrestilhos e das mamucabas, ou seja, a parte entre os cordões e o "pano". O mesmo que trança.
MÃE-VÉIA: Mãe-velha, rede grande, usada, confortável.
MACIOTA: Rede grande, macia, cômoda.
MAMUCABA: Duas faixas de tecido espesso, atravessando e reforçando os cabrestilhos. As extremidades excedentes são ornadas com duas borlas, cada. São as bonecas da mamucaba.
PALANQUIM: Rede suspensa pelas duas pontas de um varal, onde vai alguém sentado, ou deitado; sobre o varal corre um sobrecéu, com cortinas, que cobrem a pessoa que nela vai; usa-se na Ásia, no Brasil, e em Angola é a tipóia. (Moraes) Palanquim de rede.
PANO DE REDE: O Leito da Rede. Diz-se do tamanho sem solução de continuidade, sem emenda com outro "pano". Há redes de dois e três panos, para casal. Não há medidas fixas na largura e no comprimento dos panos; 1,20 a 2 metros por 1,60 a 2,50, e há maiores.
PENSATIVA: Rede pensa.
PUÇA: Rede pequena e funda, sem varandas. Rede pequena e funda. Provirá de puçá, aparelho, rede de pesca, pela idéia da concavidade.

PUNHOS DA REDE: Extremidades onde os cordões, dobrados e cosidos, fazem um ilhós onde passa a corda ou gancho do armador, sustentando a rede.

QUITANGUE: Rede pequena, estreita, habitualmente para criança pobre. Era denominação dada pelas escravas às redes dos negrinhos.

REDE DE VIAGEM: O mesmo que palanquim de rede, palanquim, serpentina.

SERPENTINA: Palanquim com cortinas usado no Brasil, o leito é de rede (Moraes).

TAPUARANA: Nome de certo tecido, próprio para redes.

TAPUIRANA: O mesmo que tapuarana.

TAPUIRANGA: O mesmo que tapuarana.

TECEDEIRA DE REDE: Redeira ou simplesmente "tecedeira", a mulher perita em fazer redes de dormir.

TIMBA: Rede pequena, estreita, pensa, de grosseiro tecido e acabamento sumário, destinada aos escravos e empregados inferiores. (Mato Grosso) "Rede de carregação".

TIPÓIA: Rede velha, fiango. Rede velha, estreita, malfeita. Como sinônimo de rede de viagem, palanquim de rede, serpentina, não foi usado no Brasil e sim em Angola. A tipóia como nome pejorativo de rede parece relativamente nova. No século XVII era sinônimo das boas ao deduzir-se do XXVI soneto de Gregório de Matos:

> Vós na tipóia, feio um cobé-pá,
> Estais mais regalado que Gazul,
> E eu, sobre o espinhaço de um baú,
> Quebrei duas costelas e uma pá.

VARANDA: Guarnições laterais da rede, ornadas de franjas ou borlas esfiadas que são as bonecas da varanda. Pereira da Costa, "Vocabulário Pernambucano", registra: "Guarnição mais ou menos larga, pendente das extremidades laterais das redes de dormir, ao correr de um punho a outro, e tecidas a labirinto, terminando com vistosos bicos do mesmo tecido, ou com franjas de fios de algodão, como é todo o seu material, branco ou de coloração diversa". "Uma rede fiada e tecida na terra, azul e branca, de largas varandas." (JOSÉ VERÍSSIMO) "Caranguejo quando morre vai na rede de varanda." (Quadras populares) A rede vem dos índios, que, segundo Gonçalves Dias, chamavam-na *kiçaba* ou *maquira,* não sabemos se indistintamente às duas espécies, tecida de fibras de palmeiras, ou de fios de algodão, e às suas respectivas guarnições ou varandas, *Kiçaba remeyba*. Teodoro Sampaio, porém, tratando dos utensílios mais comuns que se viam no interior de uma cabana selvagem, menciona a rede para dormir, *ini*, atada por cordas, *ini-chama,* a dois fortes esteios, *"okytá"*. As redes indígenas primitivas não tinham varandas.

VASILHA DE DORMIR: Rede de dormir.

Auctor opus laudat... — Foto Nilton Seabra (Natal).

Nota
......

> *Valha-me Deus! é preciso explicar tudo.*
> Machado de Assis, "Memórias Póstumas de Brás Cubas".

Em 15 de junho deste 1957 Assis Chateaubriand telegrafa propondo-me uma pesquisa sobre "O papel da Mula na civilização brasileira". Respondi que o meu arquivo era pobre e não tinha maiores possibilidades de aproximar-me do bicho. Reforçou o oferecimento sugerindo que fosse para o Rio de Janeiro, cercar a Mula nos arquivos e bibliotecas.

Neste ponto estava eu no Recife, documentando-me sobre o Padre Domingos Caldas Barbosa sobre quem organizava, no momento, uma antologia para a Editora Agir.

Conversando com Anteógenes Chaves, sabedor da proposta, disse que mais gostaria de enfrentar o carro de bois, rede de dormir, papel recortado para bolos, tabaco, talqualmente fizera com JANGADA. Anteógenes ficou namorando a rede de dormir e decidiu Assis Chateaubriand a permutar a *mula baixeira pela rede preguiçosa*. Em julho voltei para Natal e mergulhei na rede.

Devo a Assis Chateaubriand ter escrito este ensaio e ao Anteógenes Chaves a escolha do assunto.

* * *

Certos temas dão prestígio ao pesquisador e outros exigem uma prodigiosa retórica para valorizá-los. Um livro sobre educação, finanças, economia, assistência social, higiene, nutricionismo, empresta ao autor um ar de competência severa, de idealismo prático, de atenção aos "altos problemas". Quem se vai convencer da necessidade de uma pesquisa etnográfica sobre a rede de dormir, a rede que nunca mereceu as honras de atenção maior e é olhada de raspão pelos mestres de todas as línguas sábias?

Motivo humilde e diário, embora antigo e rico de sugestões, tem a informação dispersa, espalhada em registros breves. No Brasil há rápidos artigos emocionais, notas simples e, de busca sistemática, unicamente o do Sr. Sergio Buarque de Holanda que me permitiu transcrever.*

Identicamente na bibliografia estrangeira.

Quase todas as fontes impressas estavam longe de mim.

Três anjos da guarda apareceram, de dedicação incomparável e espírito de sacrifício digno do Martirológio Romano. Foram, o cônego Dr. Jorge Ó Grady de Paiva (Rio de Janeiro), realizando todas as buscas nas bibliotecas e copiando quanto imaginei conhecer; o professor Enrique Martinez (Recife), que enviou preciosas notas espanholas e ibero-americanas e carta esplêndida fixando o problema da origem do vocábulo "hamaca"; e a senhorita Pilar Garcia de Diego (Madri), mandando uma verdadeira sistemática de autores que registraram "hamaca", com a técnica reveladora da herança cultural do seu eminente Pai, o Mestre Vicente Garcia de Diego.

O cônego Dr. Jorge Ó Grady de Paiva ainda andou meio Rio de Janeiro, dando caçada às pessoas que deviam responder às minhas perguntas, impertinentes como moscas. Deve haver, no Paraíso, lugar privativo para criaturas deste feitio.

Derramei cartas perguntadeiras pelo Brasil e desde México até Argentina. Naturalmente a percentagem útil foi suficiente para dissipar alguma ignorância mais densa em determinados setores da pesquisa.

E aos Poetas pedi versos sobre a rede de dormir. Era, indispensavelmente, a presença lírica no temário etnográfico.

Cecilia Meireles estava desejosa de travar conhecimento com a rede mas nada possuía, em matéria poética, para atender-me. Manuel Bandeira ia para Londres e rede não se balança no *fog*. O embaixador Gilberto Amado escreveu de Paris, lamentando não ter uma página sobre a rede. Outros não responderam, atentando para o anonimato do requerente e a humildade do assunto.

Mas a colaboração surgiu, abundante e generosa. Alceu Maynard Araujo remeteu quase tudo quanto se lê sobre São Paulo, fotos e um desenho inédito. Paulo de Carvalho Neto (Montevidéu) enviou notas sobre o Uruguai e Paraguai. Rafael Jijena Sánchez, sobre a Argentina, José Felipe Costas Arguedas, sobre Bolívia. Vicente T. Mendoza, sobre México. Teobaldo Leivas Diaz, sobre Chile e outros países. Miguel Acosta Saignes,

---

* O artigo "Redes e Redeiras de São Paulo", ampliado e com documentação excelente, tornou-se capítulo do "Caminhos e Fronteiras", Livraria José Olímpio Editora, Rio de Janeiro, 1957, que tive a alegria de receber em outubro.

sobre Venezuela. Guilherme Santos Neves, sobre Espírito Santo. João Dornas Filho, sobre Minas Gerais. Rosário Congro, sobre Mato Grosso. O almirante César Augusto Machado da Fonseca, documentário sobre o uso das macas na Marinha de Guerra. Jordão Emerenciano (Recife) cópias de verbetes de acesso difícil. João Batista Cascudo (Mossoró), sobre fábricas locais. Artur Ferreira da Silva, quadro estatístico das fábricas existentes em 1950. Raimundo Nonato da Silva (Natal) informações contínuas. Aderbal de França, então Inspetor Regional da Inspetoria Regional de Estatística Municipal no Rio Grande do Norte, de incomparável assistência, oficiou aos agentes no Estado e aos Inspetores Regionais, solicitando achegas. O Doutor A. da Silva Mello escreveu um magistral ensaio sobre o uso, tão combatido e tão lógico, do berço, cadeira de balanço e da velha rede de dormir. Carlos Drummond de Andrade e Herman Lima enviaram prosa e versos para a "Antologia".

Os meus queridos Poetas remeteram os versos mais sonoros e emocionais. Olegario Mariano, Adelmar Tavares, Carlos Drummond de Andrade, Jaime de Altavila, J. Freire Ribeiro, Jayme dos G. Wanderley, clarearam a secura etnográfica com as águas vivas da inspiração, brasileira e tropical.

A pesquisa não podia ficar pobre com tanto ouro recebido.

* * *

Tal qual encontraram,
Tal qual encontrei;
Assim me contaram,
Assim vos contei...

Cidade do Natal, Dia de Todos os Santos, em 1957.

Obras de Luís da Câmara Cascudo
Publicadas por Global Editora

Contos Tradicionais do Brasil
Mouros, Franceses e Judeus
Made in Africa
Superstição no Brasil
Antologia do Folclore Brasileiro — vol. 1
Antologia do Folclore Brasileiro — vol. 2
Dicionário do Folclore Brasileiro
Lendas Brasileiras
Geografia dos Mitos Brasileiros
Jangada
Rede de Dormir
História da Alimentação no Brasil*
História dos Nossos Gestos*
Civilização e Cultura*
Literatura Oral*
Locuções Tradicionais no Brasil*
Vaqueiros e Cantadores*

Obras Infantis

Contos de Encantamento

A Princesa de Bambuluá
Couro de Piolho
Maria Gomes
O Marido da Mãe D'Água – A Princesa e o Gigante
O Papagaio Real*
Facécias*

*Prelo